Raus aus dem Schneckenhaus

Gustav Wohlleber

RAUS AUS DEM SCHNECKEN HAUS

SCHÜCHTERNHEIT UND SOZIALE ÄNGSTE NACHHALTIG ÜBERWINDEN

Gustav Wohlleber

Autor: © Gustav Wohlleber

Für Fragen und Anregungen
info@avocado-verlag.de

Klimaneutral
Druckprodukt
ClimatePartner.com/18373-2201-1001

Bibliografische Information der Deutschen Nationalbibliothek:
Die Deutsche Nationalbibliothek verzeichnet diese Publikation in der Deutschen Nationalbibliografie; detaillierte bibliografische Daten sind im Internet über http://dnb.dnb.de abrufbar.

1. Auflage 2022

Covergestaltung (& Satzarbeit): Wolkenart – Marie-Katharina Becker, www.wolkenart.com

ISBN Taschenbuch: 978-3-98813-000-6
ISBN Hardcover: 978-3-98813-001-3

avocado
verlag

INHALTS VERZEICHNIS

DAS GEFÄNGNIS IN MEINEM KOPF

Ich hatte mich auf die Toilette geflüchtet. Schweißgebadet und mit pochendem Herzen. Ich stand vor dem Waschbecken, um meine Hände zu waschen und kaltes Wasser auf die Stirn zu tröpfeln – da guckte ich in den Spiegel. Ich schaute mich an und dachte: „Warum kann ich das nicht? Warum bin ich anders als die anderen?“ Ich schaute mir selbst in die Augen. Ich konnte nicht verstehen, warum ich diese Schwierigkeiten hatte. Als ich mich dort im Spiegel sah, dachte ich mir: „Der wirkt doch eigentlich ganz sympathisch.“ Es gab viele Dinge an mir, mit denen ich nicht unzufrieden war. Aber diese sozialen Unsicherheiten waren mein großer Schandfleck. Sie waren immer da und machten viele Situationen zur Hölle. Sie ließen mich nicht in Ruhe und verfolgten mich überallhin. Sie nahmen jeden Bereich meines Lebens ein. Ich konnte mich nicht davor verstecken.

An dem angesprochenen Abend war ich auf einer kleinen Geburtstagsfeier gewesen. Eigentlich ein nettes Ereignis. Doch ich wusste schon vorher, worauf es hinauslaufen wird. Ich hatte mir bereits seit ein paar Tagen den Kopf darüber zerbrochen, ob ich hingehen sollte oder nicht. Ich hatte mit mir selbst gerungen. Ein Teil von mir wollte dabei sein und auch einmal etwas erleben. Ein anderer Teil wollte es sich zu Hause gemütlich machen und damit nichts zu tun haben. Erst nach langem Grübeln und kräftezehrendem Gedankenmachen konnte ich mich zu einer Zusage durchringen.

Ich wusste: Das ist, was ich eigentlich will. Ich wollte dabei sein. Das Problem waren nur meine Ängste. Diese machten den anderen Teil aus. Angst, mich blöd anzustellen und einen schlechten Eindruck zu machen. Angst vor Ablehnung.

Sobald mir klar wurde, dass ich auf der Feier dabei sein werde, steigerten sich meine Gedanken noch mehr. Da ging das Gedankenkarussell erst richtig los. Ich ging im Kopf alle Möglichkeiten durch, die mich dort erwarten könnten. Ich legte mir im Kopf zurecht, was ich sagen könnte und wie ich auf mögliche Antworten reagiere. Ich spürte den

Zwang, bestmöglich vorbereitet sein zu müssen, um bloß keinen Fehler zu machen. Die Gedanken kamen mir beim Frühstück, sie waren präsent während der Arbeit und verfolgten mich ins Bett. Es gab keine Auszeit.

Das kostete Kraft. Deswegen war ich auch ein Stückchen froh, als der Tag endlich gekommen war. „Bald habe ich es hinter mir", dachte ich, „nicht mehr lange und ich kann mich wieder entspannen." Was ich noch nicht wusste: Der Abend wurde eine Katastrophe. Ich war sehr angespannt und kam von Anfang an nicht richtig in die Gespräche hinein. Ich konnte keinen Zugang zu den Menschen finden. Ich wagte ein paar zaghafte Versuche, aber bemerkte schnell, dass es mir nicht so richtig gelang. Meine Anspannung wurde größer. „Was die wohl alle von mir denken? Die halten mich bestimmt für den komischen Außenseiter, der allein herumtigert und niemanden zum Reden findet." Ich merkte, wie die Gefühle in meinem Inneren intensiver wurden. Ich fühlte mich beobachtet. Ich konnte es kaum mehr aushalten. Ich musste weg, musste allein sein. Also suchte ich den schnellsten Weg zur Toilette und dort stand ich nun. Puh. Erst einmal durchatmen. Mein Fazit in diesem Moment: Ein schrecklicher Abend.

Manche Menschen denken jetzt vielleicht: „Es ist doch gar nichts Schlimmes passiert." Aber für mich war das ein Albtraum. Ein Außenseiter zu sein und nicht dazuzugehören, war für mich das Schlimmste. Ich verurteilte mich aufs Schärfste dafür. Meine Gedanken machten mich komplett zur Schnecke deswegen.

Was ich damals können wollte: Normal reden und Spaß mit anderen Menschen haben, ohne mir den Kopf über Tausend Dinge zu zerbrechen, die ich sowieso nicht kontrollieren kann.

Gespräche waren für mich als Kind und Jugendlicher ein Rätsel gewesen. Unverständlich und undurchschaubar. Ich konnte nicht erkennen, was sich zwischen den Menschen abspielte und wie es zu verschiedenen Reaktionen kam. Ich konnte nicht nachvollziehen, warum manche Menschen scheinbar mühelos ihre beste Seite zeigen konnten und andere nicht einmal einen Satz hervorbrachten. Ich konnte nicht verstehen, warum manche Menschen immerzu beliebt waren und überall Freunde fanden, während andere jedes Mal allein dastanden.

Ich war immer schon ein ruhiger Mensch. Ich bin selten auf andere zugegangen und habe deswegen auch wenige Gespräche geführt. Und wenn ich im Gespräch war, wusste ich meistens nicht, was ich sagen sollte und wie ich mich verhalten sollte.

Im Rückblick kein Wunder – ich hatte es auch nie gelernt. Ich hatte keinen Lehrer. Ich hatte keine Anleitung. Ich hatte nichts, woran ich mich orientieren konnte. Mit einer Ausnahme: Es gab die Reaktionen der anderen Menschen. Das war mein einziges Feedback. Ich konnte deuten, wie die anderen mein Verhalten aufnahmen. Ich konnte versuchen, zu erkennen, was sie von dem halten, was ich sage. Und deswegen habe ich angefangen, mich daran zu orientieren.

Ab diesem Moment waren die Reaktionen anderer Menschen mein Maßstab. Daran habe ich mich gemessen. Danach habe ich bewertet, ob ich etwas gut oder schlecht gemacht habe. Und davon war abhängig, ob ich mich gut oder schlecht gefühlt habe. Ich dachte, ich verhalte mich richtig, wenn andere Menschen mich mögen. Und ich verhalte mich falsch, wenn andere Menschen etwas gegen mich haben. Wenn andere Menschen mich mochten, habe ich mich gut gefühlt und war mit mir zufrieden. Wenn sie mich abgelehnt haben, habe ich mich schlecht gefühlt und mir selbst Vorwürfe gemacht. Ich habe mich selbst danach bewertet, was andere Menschen von mir denken. Und genau dadurch habe ich mich von ihnen abhängig gemacht.

Mir wurde immer wichtiger, wie andere mich sehen. Und deswegen habe ich extrem viel darüber nachgedacht, wie ich ihnen gefallen kann. Und ich bin schon nervös und angespannt in die Gespräche hineingegangen. Manchmal wurden die Gedanken so stark und überwältigend, dass ich in Gesprächen gar nicht mehr handeln konnte. Ich stand einfach leise da. Unsicher und hilflos. Ich wollte gerne etwas sagen und mich zeigen, aber ich konnte nicht mehr. Ich hatte mir mein eigenes kleines Gefängnis im Kopf gebaut und konnte nicht ausbrechen.

Je mehr ich mich angestrengt habe, desto schlimmer ist es geworden. Ich habe mich den anderen angepasst und versucht, zu erahnen, wie ich ihnen gefallen könnte – aber es hat selten funktioniert. Früher oder später haben sie bemerkt, dass etwas nicht stimmt, und sind mir aus dem Weg gegangen. Meistens lag es daran, dass ich einfach nicht locker sein konnte, weil für mich so viel auf dem Spiel stand.

Ich wusste damals, dass es so nicht weitergehen kann. Ich habe mich unter Menschen permanent unwohl gefühlt. Bevor eine Situation anstand, war ich angespannt. Die Situation an sich hat mich viel Kraft gekostet. Im Anschluss habe ich meine Fehler analysiert und mir selbst Vorwürfe gemacht. Ich konnte diesem Kreislauf kaum entkommen.

Deswegen habe ich viele Dinge ausprobiert. Ich habe nach Lösungen gesucht. Ich habe Bücher gelesen, an Seminaren teilgenommen und Coachings mitgemacht. Ich habe viele Dinge versucht, aber das meiste hat kaum funktioniert. Ich habe gelernt, ein bisschen besser zu reden und selbstbewusster aufzutreten, aber ich habe mich immer noch genauso gefühlt.

Besser wurde es erst, als ich mich selbst und meine Werte in den Mittelpunkt gestellt habe. Ich habe einen Zugang dazu gesucht, wie ich selbst gerne wäre, unabhängig davon, was die anderen gut finden. Ich habe eine Vorstellung entwickelt, was für ein Mensch ich sein will. Ich habe versucht, mich dementsprechend zu verhalten. Und das Schwerste: Ich habe versucht, mich danach zu bewerten. Ich habe gelernt, mit mir selbst zufrieden zu sein, wenn ich mich nach meinen eigenen Vorstellungen verhalte, auch wenn die anderen negativ reagieren.

Wenn ich gerne offen sein und nach Dingen fragen will, wenn sie mich interessieren, dann tue ich das auch. Und ich bin froh darüber, egal wie die anderen reagieren. Wenn ich eine Abfuhr bekomme, denke ich nicht: „Oh man. Da war ich zu neugierig, das hätte ich nicht fragen sollen“, sondern ich weiß: „Wenn mich etwas interessiert, dann frage ich danach.“ Die andere Person kann selbst entscheiden, ob sie es erzählen will oder nicht. Und egal, ob sie es tut oder nicht – das ist völlig okay für mich.

Durch diese Entwicklung habe ich mich immer sicherer gefühlt. Ich habe angefangen, für mich einzustehen, und ich habe mehr Charakter bekommen. Bis ich irgendwann richtig selbstbewusst unter Menschen war und aus vielen Ecken widergespiegelt bekommen habe, dass man mich als starke Persönlichkeit wahrnimmt. Ein super Gefühl! Tausend Mal besser, als ein Fähnchen im Wind zu sein und dadurch Ablehnungen zu vermeiden.

Heute kann ich dir sagen: Dieser Prozess ist das Wichtigste für deine Gespräche und deine Beziehungen mit Menschen. Das weiß ich, weil ich ihn selbst durchlaufen habe und als Kommunikationspsychologe täglich andere Menschen dabei unterstütze.

In diesem Buch werde ich aufzeigen, wie du diesen Prozess starten kannst. Ich werde Erkenntnisse und Gedanken aus meinem Arbeitsalltag mit dir teilen und ich werde dir meine besten Tipps mit auf den Weg geben. Damit du dich nicht mehr davon einschränken lässt, dass andere Leute dich ablehnen oder schlecht von dir denken könnten, sondern stattdessen mit Leichtigkeit in Gespräche gehst und Spaß am Miteinander hast.

SOZIALE ÄNGSTE SIND ÜBERALL

Als ich angefangen habe, an mir selbst zu arbeiten, habe ich eine gewisse Scham verspürt. Ich fühlte mich unwohl dabei. Ich habe es nur für mich allein im stillen Kämmerlein getan. Wenn ich ein Buch über Persönlichkeitsentwicklung gelesen habe, dann nur heimlich. Sobald andere Menschen in der Umgebung waren, habe ich das Buch weggesteckt. Ich wollte nicht dabei gesehen werden. **Ich wollte nicht als Versager enttarnt werden.** Auf diesen Gedanken lief es hinaus. Genau das bedeutete es für mich, so etwas überhaupt nötig zu haben. Ein Buch über Persönlichkeitsentwicklung in die Hand zu nehmen, fühlte sich für mich wie ein Geständnis an. Ein Geständnis, dass ich versagt habe – dass ich es nicht allein hinbekomme und auch in Zukunft nicht allein hinbekommen werde. Sonst würde ich nicht nach Hilfe suchen. Ich dachte, ich lese dieses

Buch nur, weil mir etwas fehlt, weil ich verzweifelt bin, weil ich keine Lösungsideen mehr habe.

Die Gedanken waren nicht klar und bewusst, aber irgendwo in meinem Hinterkopf sind sie herumgeschwirrt. Deswegen habe ich meine Begeisterung für Persönlichkeitsentwicklung erst einmal versteckt. Ich habe im Bett gelegen und auf meinem Handy im Internet nach Informationen gesucht. Ich habe gegoogelt „Schüchternheit überwinden", „selbstbewusst auftreten" oder „kommunikativer werden" und habe alle Artikel durchgelesen. Damals war es für mich unvorstellbar, dass ein paar Jahre später mein Blog ganz oben erscheinen würde, wenn man diese Suchbegriffe eingibt. Ich war damals bei meinen ersten Schritten. Ich stand kurz davor, das erste Mal bewusst etwas zu verändern. Ich bewegte mich auf die folgenschwere Entscheidung zu, meine Ängste und sozialen Fähigkeiten ein für alle Mal anzupacken. Und obwohl mich diese Themen tief berührten und völlig in ihren Bann zogen, habe ich sie erst einmal geheim gehalten. Ich wollte nicht zeigen, dass ich mich damit beschäftige.

In mir war eine große Scham. Ich schämte mich für viele Dinge – vor allem dafür, dass ich so unsicher und langweilig war. Ich erwartete von mir selbst, dass ich mit Sicherheit durch das Leben gehe, weiß, was ich will, und dementsprechend auftrete. Das Problem: Diese Sicherheit war nirgends zu finden. Ich hatte keine Richtung und war verwirrt. Statt Überzeugung war mein Kopf voller Zweifel. Ebenso erwartete ich von mir, dass ich im Gespräch mit kreativen und spontanen Einfällen die Menschen von mir begeistere. Aber stattdessen war ich gehemmt und mein Kopf war leer. Statt Kreativität herrschte Ideenlosigkeit. Ich wusste nicht, was ich sagen sollte, und fühlte mich wie ein Langweiler.

Dazu kamen noch meine Minderwertigkeitsgefühle wegen fehlender Erfahrungen. Ich hatte nie viel unternommen oder das Leben bis zum Anschlag ausgereizt. Ich war nicht von Party zu Party gezogen oder habe eine verrückte Geschichte nach der anderen erlebt. Im Gegenteil – ich war immer eher gemütlich. Mir gefiel es zu Hause. Am liebsten habe ich auf meiner PlayStation 3 gespielt oder Serien geschaut.

Außerdem fehlten mir Erfahrungen mit Frauen. Ich war zum damaligen Zeitpunkt noch keiner Frau auf romantische Weise nahegekommen. Ich war mit zwanzig Jahren noch Jungfrau. Ich zerbrach mir den Kopf darüber, woran es liegen könnte, und machte mir Sorgen, dass es für immer so bleiben würde. In mir wuchsen die Sorgen, dass etwas mit mir nicht stimmte. Eine unterschwellige Angst, dass ich anders und auf irgendeine Art und Weise falsch bin, breitete sich aus. Und der Gedanke, mit einem Buch über Persönlichkeitsentwicklung gesehen zu werden, fühlte sich für mich so an, als würde ich meine Fehler offen präsentieren. Es fühlte sich an, als würde ich mich hinstellen und sagen: „Es stimmt etwas nicht mit mir. Ich bin nicht gut genug und deswegen brauche ich jetzt Techniken und Methoden, um auf euer Level zu kommen."

Für mich selbst war es unangenehm, aber ich konnte damit umgehen. Ich hatte manchmal ein schlechtes Gefühl, aber ich brannte viel zu sehr darauf, mehr zu erfahren, als dass ich aufgehört hätte. Anders war es unter Menschen. Dort hätte ich unter keinen Umständen offen dazu gestanden. Niemals hätte ich diese Ängste und Unsicherheiten

gezeigt. Keiner sollte davon wissen. Viel zu sehr war ich davon überzeugt, dass ich diese Schwierigkeiten gar nicht haben sollte, und viel zu groß war meine Scham.
Heute kann ich dir sagen: Diese Scham verspüren viele Menschen mit sozialen Schwierigkeiten. Sie verurteilen sich für ihre Ängste oder ihr Unvermögen. Genau wie ich denken auch sie, dass sie diese Probleme gar nicht haben sollten. Sie denken, sie sind ein Außenseiter und mit ihnen ist etwas falsch. Sie denken, sie sind damit allein.

In den letzten Jahren hatte ich in meinen Coachings immer wieder Teilnehmer, die das Coaching vor einem Teil ihres Umfelds geheim gehalten haben. Sie hatten Angst, wegen ihrer Schwächen verurteilt zu werden, weil sie sich selbst dafür verurteilten.

Vor ungefähr zwei Jahren habe ich mit einem Teilnehmer zusammengearbeitet, der keinem Menschen von dem Coaching erzählen wollte. Nicht einmal seiner Partnerin hat er davon erzählt. Er hat ein großes Geheimnis daraus gemacht. Unsere Termine hat er so gelegt, dass er sie vom Büro aus wahrnehmen konnte. Er hat zu Hause von vornherein kommuniziert, dass er eine Stunde länger arbeiten muss, und er hat darauf geachtet, dass alle Kollegen bereits weg waren, wenn es losging. Alles aus der Unsicherheit heraus, für die eigenen Probleme verurteilt zu werden.

Geht es dir ähnlich?
Versuchst du, deine Unsicherheiten zu verstecken?
Kannst du deine Probleme akzeptieren und zeigen?

Bevor wir uns in diesem Buch Lösungsansätze anschauen, möchte ich einen kleinen Blick auf soziale Ängste in unserer Gesellschaft werfen. Denn dann wird schnell klar, dass man damit nicht allein ist. Im Gegenteil – viele Millionen Menschen in Deutschland sind davon betroffen. Manche schlimmer und manche weniger schlimm. Aber egal wie stark, die Ängste sind immer die gleichen.

Im Kern geht es um die Angst vor Bewertungen. Wir haben Angst davor, dass Menschen schlecht über uns denken. In welchem Bereich diese Angst am stärksten ist, hängt von unseren eigenen Unsicherheiten und Werten ab. Manche haben Angst davor, etwas Langweiliges zu sagen. Andere fürchten sich davor, dumm zu wirken. Wieder andere haben Angst davor, dass man ihre Unsicherheit sieht.

Diese Ängste können sehr spezifisch werden. Es gibt Menschen, die haben ganz besonders Angst davor, vor anderen Menschen zu essen; andere verspüren Panik bei dem Gedanken, in der Öffentlichkeit telefonieren zu müssen. Egal welche Situation die Angst auslöst – dahinter liegt immer die Angst vor negativen Bewertungen. So ist es bei einer leichten Schüchternheit und so ist es auch bei einer stark ausgeprägten sozialen Phobie. Der Unterschied liegt vor allem in den Symptomen und der Intensität der Angst. Ein Mensch mit einer leichten Schüchternheit verspürt vielleicht Nervosität und weiß nicht mehr, was er sagen soll, während ein Mensch mit sozialer Phobie auf einmal Herzrasen verspürt, einen Schweißausbruch bekommt und völlig erstarrt. Aber egal, welche Symptome es sind, egal wie intensiv die Angst ist, beide fürchten sich vor der gleichen Sache. Sie fürchten sich davor, einen schlechten Eindruck zu machen und dadurch negativ bewertet zu werden. Sie haben Angst vor den Gedanken der anderen Menschen. Sie fürchten das Monster der Ablehnung.

Das Folgende wurde mir bereits häufiger von Leuten erzählt: „Ich weiß, dass ich diese Ängste nicht haben sollte. Es kann sowieso nichts wirklich Schlimmes passieren.“ Manche betrachten ihre eigenen Ängste gar als bescheuert. Sie sprechen ihnen jegliche Daseinsberechtigung ab. Sie können keine einzige positive Seite an der Angst erkennen. Sie halten sie für völlig sinnlos und wollen sie einfach abstellen.

Dabei sind die Ängste eigentlich für dich da. Sie sind nicht gegen dich, sondern wollen dich beschützen. Sie sind ein Teil von dir und wollen das Beste für dich. Und wenn sie sich nicht im Laufe der Evolution als unfassbar wichtig bewährt hätten, gäbe es sie gar nicht mehr. Sie sind ein Werkzeug, das dir dabei helfen soll, im Leben zurechtzukommen.

Deswegen beschützen deine Ängste dich vor Ablehnung. Sie passen auf, dass du nicht fahrlässig einen Fehler machst, den du nicht mehr rückgängig machen kannst. Und auch wenn du rational denkst, dass keine Gefahr droht, können die Ängste anderer Meinung sein. Denn wir Menschen sind extrem soziale Wesen. Ohne Zusammenarbeit geht nichts. Ablehnung vom eigenen Stamm hätte früher den Tod bedeutet. Ablehnung war eine reale Gefahr. Eine Gefahr, die um jeden Preis vermieden werden musste. Deswegen ist die Angst da. Sie beschützt dich. Sie wird alles dafür tun, dass du dir nicht selbst dein Grab schaufelst. Und sie wird nicht einfach verschwinden, nur weil du sie als sinnlos abstempelst.

Es bringt nichts, die Angst abzulehnen und abzuwerten. Im Gegenteil! Wenn du eine dauerhafte Veränderung herbeiführen willst, musst du sie kennenlernen und den Umgang damit lernen. Wenn du eine neue Sicherheit und Lockerheit entwickeln willst, dann musst du ihr näherkommen als jemals zuvor. Du musst dich auf sie einlassen, sie verstehen und dann so handeln, wie es für dich und die Angst der beste Weg ist. Du nimmst sie an, aber lässt dich nicht davon kontrollieren. Du akzeptierst, dass sie da ist, aber verhältst dich trotzdem mehr so, wie du es für richtig hältst, statt auf die Angst zu hören. Statt in deinem Kopf mit der Angst zu kämpfen, zeigst du ihr in echten Situationen, dass du damit umgehen kannst und nichts zu befürchten hast. Die Angst darf lernen, dass es in manchen Situationen weniger zu befürchten gibt als bisher gedacht. Sie darf erkennen, dass du mittlerweile erwachsen bist und mit Ablehnung umgehen kannst. Dann wird sie sich automatisch zurückziehen und mehr Platz für Freiheit und Lockerheit schaffen.

Der erste Schritt ist immer Akzeptanz. Deine Ängste sind okay und wollen nur das Beste für dich. Du bist richtig und normal, genauso wie du bist.

Auch die Sorgen, was andere Menschen von dir halten, sind das Normalste der Welt. Unser Gehirn ist seit Jahrtausenden auf Sozialabgleich trainiert. Jeder Mensch in der Geschichte hat sich umgeschaut und darüber nachgedacht, wie die anderen auf ihn reagieren und was sie von ihm halten. Das ist Teil unserer Natur. Niemand ist davon völlig frei. Manche lassen sich davon weniger beeinflussen oder schenken diesen Gedanken weniger Aufmerksamkeit – trotzdem sind sie irgendwo im Kopf präsent. Und das ist völlig okay. Sie sind ein Teil von uns, ein Teil von diesem Leben.

Soziale Ängste sind ein fester Bestandteil unserer Gesellschaft. Fast jeder Mensch hat damit schon einmal Bekanntschaft gemacht. Laut dem National Institute of Mental Health erkranken ungefähr neun

Prozent aller Menschen in ihrem Leben an einer sozialen Phobie. Vielen Betroffenen fällt es schwer, überhaupt das Haus zu verlassen und unter Menschen zu kommen. Zusätzlich berichtet etwa ein Drittel aller Menschen von regelmäßiger Nervosität in Gesprächen. Es handelt sich dabei um etwas völlig Normales. Angst vor öffentlichen Reden haben sogar bis zu 77 Prozent aller Menschen. Da ist es eher verwunderlich, wenn du ohne Herzklopfen in eine Präsentation gehst.

Soziale Ängste sind nichts Ungewöhnliches. Du kennst sie, dein Nachbar kennt sie, dein Chef kennt sie. Manche empfinden sie stärker, andere schwächer. Manche spüren Panik in sich aufsteigen, wenn sie einen Raum mit Menschen betreten, andere verspüren eine leichte Nervosität, wenn sie einen Vortrag halten müssen – aber wir alle kennen sie. Und egal ob du Angst vor Menschengruppen oder Vorträgen hast, egal ob sich dein Körper nur ein bisschen anspannt oder ob dein Herz zu rasen anfängt und deine Hände zittern, das ist alles okay und menschlich. Wenn du innerlich begreifst, dass es vielen so geht, dass du die Ängste nicht verstecken musst und dass du trotzdem okay bist, dann hast du einen ersten großen Schritt bereits geschafft.

NIEMAND WIRD SCHÜCHTERN GEBOREN

Vor ein paar Jahren saß ich an meinem Schreibtisch und klappte meinen Laptop auf. Ich saß auf meinem klapprigen Holzstuhl in meinem kleinen Studentenzimmer und schaute auf die Uhr. Sie zeigte 17:57 Uhr an. Noch drei Minuten bis zu meinem Erstgespräch mit Maria.

Ich war ein bisschen nervös. Erstgespräche waren damals etwas Besonderes für mich. Es kannte mich noch kaum jemand, die Bewerber standen nicht Schlange. Es meldeten sich vielleicht 2-3 Leute pro Monat – wenn es gut lief. Dementsprechend angespannt saß ich auf meinem Stuhl.

Ich spürte mein Herzklopfen und atmete bewusst tief ein. Ich musste lächeln. Trotz der Anspannung fühlte ich mich wohl. „Es ist alles okay. Natürlich bin ich nervös. Mir ist ja auch wichtig, wie das

Gespräch verläuft." Ich konnte meine Anspannung verstehen. Ich schaute sie an und akzeptierte sie vollkommen. Ich fühlte mich gut – ein bisschen aufgeregt, aber gut. Ich wusste, dass ich auch mit Nervosität ein gutes Gespräch auf die Reihe bringen kann. Ich wusste, dass ich trotz meiner Ängste tun würde, was ich will und für richtig halte. Und vor allem wusste ich, dass die Anspannung mit jedem Mal weniger werden würde, bis sie in diesen Situationen irgendwann gar nicht mehr da wäre.

Genauso sollten Gedanken in Situationen der Angst funktionieren. Und genauso haben sie den Großteil meines Lebens NICHT funktioniert. Im Gegenteil – sie haben gegen mich gekämpft. Sie haben mich zusätzlich verunsichert und mir das Leben noch schwerer gemacht. Sie haben die Ängste vergrößert und mich selbst kleiner gemacht. Sie haben mir den letzten Mut genommen.

Warum konnte ich dann vor dem Erstgespräch so entspannt mit der Angst umgehen? Weil ich einen langen Weg hinter mir hatte, auf dem ich mich immer wieder mit meinen Ängsten beschäftigt habe. Ich bin vielen Ängsten begegnet und habe sie angeschaut. Ich habe mich vielen Ängsten gestellt und bin durch sie hindurchgegangen. Ich habe viel ausprobiert, erlebt und gelernt. Viele schöne Dinge und viele unangenehme Dinge. Ich habe mich zum Affen gemacht, habe viele Fehler gemacht und bin regelmäßig abgelehnt worden. Ich habe mich häufig unwohl gefühlt und bin besser geworden, damit umzugehen. Ich habe den Umgang mit meinen Ängsten verändert und dadurch haben sich die Ängste mit der Zeit automatisch verändert.

Als ich damals in meinem Studentenzimmer saß und auf Maria wartete, war meine Beziehung zur Angst eine ganz andere als fünf Jahre zuvor. Ich fürchtete mich nicht mehr vor der Angst, ich rannte nicht mehr weg und ich hatte nicht einmal etwas gegen sie. Ich hieß sie willkommen und wusste, dass meine Anspannung ein gutes Zeichen dafür ist, dass ich gerade etwas tue, was mich voranbringt. Meine Ängste und mein Umgang damit hatten sich völlig verändert.

Das führt uns zur ersten wichtigen Erkenntnis in diesem Kapitel: Ängste verändern sich. Soziale Ängste sind nicht angeboren. Sie sind antrainiert und wandelbar. Dass du heute Angst vor Gesprächen hast, muss nicht bedeuten, dass du auch in einem Jahr noch Angst vor Gesprächen hast. Dass du heute in großen Gruppen nichts sagen kannst, weil deine Angst dich hemmt, heißt nicht, dass es in drei Monaten noch genauso aussieht. Ängste steigen an und lassen nach, je nachdem, wie du lebst und wie du mit der Angst umgehst. Das ist ganz normal und zu Beginn ist es wichtig, das zu verstehen.

Soziale Ängste entwickeln und verändern sich im Laufe deines Lebens. Das hast du wahrscheinlich selbst schon erlebt. In manchen Phasen waren die Ängste präsenter, in manchen Phasen waren sie abgedämpft. Mal steigen sie an, mal lassen sie nach. Das Schöne ist: Du kannst darauf Einfluss nehmen. Durch dein Verhalten bestimmst du, in welche Richtung sich deine Ängste entwickeln. Du hast die Kontrolle. Du hältst das Ruder in der Hand und kannst entscheiden, wo es hingeht.

Manche Menschen leisten bei dieser Aussage Widerstand. Sie erzählen mir beispielsweise: „Ich war schon immer schüchtern. Deswegen glaube ich auch nicht, dass ich da etwas machen kann."

Ich verstehe die Bedenken, ich kenne sie von mir selbst, aber ich muss trotzdem widersprechen. Schüchternheit ist nicht in die Wiege gelegt, sie ist keine Persönlichkeitseigenschaft, sondern ein antrainiertes Muster. Das ist ein Fakt. Natürlich werden Menschen unterschiedlich geboren. Manche sind extrovertierter, andere introvertierter. Das sind Persönlichkeitseigenschaften. Daran wirst du nichts ändern – und solltest du auch gar nicht. Ich war schon immer introvertiert und bin es auch heute noch. Aber die Schüchternheit, die sozialen Ängste, entwickeln sich durch Erfahrungen, Verhaltensmuster oder Überzeugungen, die du dir irgendwann einmal angeeignet hast. Sie sind antrainiert und deswegen veränderbar. Sie sind im Laufe deines Lebens entstanden und deswegen kannst du sie auch wieder ablegen.

5 TYPEN VON SOZIALEN ÄNGSTEN

In den letzten fünf Jahren habe ich mit über tausend Menschen über ihre sozialen Ängste gesprochen. Ich habe mit über hundert Menschen intensiv zusammengearbeitet. Ich habe täglich Eindrücke gesammelt und versucht, die Hintergründe zu verstehen.

Trotzdem ist mein Wissen noch lange nicht ausgereift. Es gibt noch so viel zu erkunden. Ich erlebe regelmäßig etwas Neues und werde immer wieder überrascht. Mein Wissen entwickelt sich stetig weiter. Vielleicht werde ich in zehn Jahren völlig andere Auffassungen mit dir teilen, als ich es heute tue. Zum aktuellen Zeitpunkt kann ich nur berichten, was ich tagtäglich erlebe und was mir in meinen Coachings begegnet. Ich erhebe keinen Anspruch darauf, dass ich die absolute Wahrheit sage. Mir ist bewusst, dass ich Fehler mache. Ich führe keine standardisierten Studien durch und beweise in keiner Form, was ich erzähle. Alles, was du hier findest, beruht auf eigener praktischer Erfahrung. Ich erzähle das, was ich selbst erlebt habe. Ich beschäftige mich jeden Tag mit sozialen Ängsten und versuche, mit dir zu teilen, was ich in den letzten Jahren gelernt habe.

Meine wertvollste Quelle sind dabei die Geschichten anderer Menschen. Daraus lerne ich am meisten und daraus wirst auch du viel mitnehmen können. Ich sammle mit allen Teilnehmern meiner Coachings neue Erfahrungen, welche Ansätze, in welchen Situationen gut funktionieren, und welche nicht so gut funktionieren. Ich erweitere meinen Erfahrungsschatz und bekomme ein Gefühl dafür, was für ein Mensch vor mir sitzt und wie andere, ähnliche Menschen in der gleichen Situation eine Lösung dafür gefunden haben. Ich weiß manchmal schon, welche Schwierigkeiten aufkommen werden, wie wir damit umgehen können und wie wir letztendlich das Ziel erreichen werden. Je mehr Menschen man auf dem gleichen Weg begleitet, desto besser kennt man ihn. Man erinnert sich an die Abzweigungen, die Hügel und die Wurzeln, über die man stolpern kann. Man entwickelt ein Selbstverständnis dafür, welche Schritte ans Ziel führen, egal wo man sich gerade befindet.

Mein Ziel mit diesem Buch ist es, dir eine Richtung und ein Verständnis für diesen Weg mitzugeben. Ich möchte, dass du weißt, wo es hingehen soll, und welche Schritte dich dorthin bringen werden. Ich will, dass du von den anderen Menschen, die diesen Weg in den letzten Jahren gegangen sind, lernen kannst. Ich will, dass du einen klaren Wegweiser hast und schon in den nächsten Tagen die ersten Schritte machen kannst.

Zuallererst müssen wir uns dafür die Ausgangsposition anschauen. Denn nicht alle Menschen starten am gleichen Punkt. Soziale Ängste können sehr unterschiedlich sein. Nicht nur in ihren Symptomen, sondern auch in den Ursachen. Und diese Ursachen zu kennen, macht es deutlich leichter, die richtigen Schritte herauszufinden.

Auf den nächsten Seiten werde ich dir fünf Typen von sozialen Ängsten vorstellen, die sich in ihren Ursachen und möglichen Lösungen unterscheiden. Wichtig ist dabei, nicht nur in Schwarz-Weiß zu denken, sondern zu berücksichtigen, dass es viele Zwischentypen gibt. Bei manchen Menschen kommen mehrere Ursachen zusammen, bei anderen passt ein ganz bestimmter Typ.

DER SCHATTEN DER VERGANGENHEIT

Mario war ein netter Typ. Im ersten Moment, als ich ihn gesehen habe, wirkte er normal und sympathisch. Leicht übergewichtig, ein bisschen nervös, mit einem vorsichtigen Lächeln. Er saß da und wartete, dass ich das Gespräch anfing.

Ich freute mich auf das Gespräch. Ich war interessiert, worum es gehen würde, weil ich auf den ersten Blick nicht erkennen konnte, wo seine Schwierigkeiten lagen. Also begann ich das Gespräch: „Hey Mario. Schön, dass du da bist. Wie geht es dir?“ Und ab diesem Moment fing Mario an, zu reden. Er redete viel. Insbesondere für eine schüchterne Person. Er berichtete von seinen Ängsten und Problemen. Er hatte viel zu erzählen. Ich kam nur zu Wort, wenn ich bewusst dazwischenging oder aktiv nachfragte. Es wirkte so, als hätte er nur auf einen Moment gewartet, um sich all das von der Seele zu reden. Also lehnte ich mich in meinem Stuhl zurück, nahm einen Schluck Wasser aus meinem Glas und hörte zu. Dabei beobachtete ich ihn aufmerksam und versuchte, ihn so gut wie möglich zu verstehen. Ich wollte ein Gefühl für ihn bekommen, um seine Situation einschätzen zu können.

Es war offensichtlich, dass er sehr mit sich selbst beschäftigt war. Es gab Dinge, mit denen er nicht abgeschlossen hatte, die ihn bis heute verfolgten. Er dachte viel darüber nach und hatte wenige Möglichkeiten, darüber zu sprechen. Deswegen sprudelten diese Dinge nur so aus ihm heraus. Er hatte sich ein Gedankenschloss aus Erklärungen, Theorien und Begründungen erbaut, für die er jetzt Bestätigung suchte. Ich wusste noch nicht, ob ich ihm diesen Gefallen tun kann.

Nach einer Viertelstunde kam Mario auf seine Kindheit zu sprechen. Er hatte eine lebhafte Erinnerung und erzählte von mehreren Erfahrungen, die er damals gemacht hatte. „Man kann schon von Mobbing sprechen“, sagte er mir. „Ich wurde ausgelacht und gemieden. Ein paar Mal sogar verprügelt.“ Beim Sprechen merkte man, dass ihm diese Erfahrungen immer noch nahegingen. Das werden sie wahrscheinlich für immer – auch wenn man seinen Frieden damit findet, wird man die erlebten Emotionen nicht vergessen.

Schon nach dem ersten Gespräch war klar, dass Mario mit dem Schatten der Vergangenheit zu kämpfen hatte. Seine Ängste hatten sich aus schlechten Erfahrungen mit anderen Menschen entwickelt. Er war vielfach verletzt worden. Deswegen hatte er sich immer mehr in sich selbst zurückgezogen, um solchen Situationen aus dem Weg zu gehen. Leider erfolglos.

In weiteren Gesprächen, die ich in den folgenden Monaten mit Mario führte, stellte sich heraus, dass sich dieses Muster fortgesetzt hatte. Er wurde auch in der Oberschule gemobbt – und in der Ausbildung. Zum Zeitpunkt unserer Gespräche wurde er laut eigener Aussage von seinem Vorarbeiter tyrannisiert. „Er nutzt seine Position aus und macht sich einen Spaß daraus, mich bloßzustellen. Es gibt nicht einen Tag, an dem er mich in Ruhe lässt.“ Ein paar Wochen zuvor hatte er Mario in einen Supermarkt geschickt, um ein paar Äpfel zu besorgen. Als Mario mit den Äpfeln herauskam, hat er ihn angemeckert, dass er doch Birnen holen sollte. Also ist Mario noch einmal in den Supermarkt gegangen und kam mit Birnen wieder heraus. Daraufhin machte ihm der Vorarbeiter eine Ansage, ob Mario taub sei, denn er habe ja Pfirsiche gewollt. Als Mario widersprechen wollte, um sich zu wehren, hat sein Vorarbeiter einfach gelacht und ist weggegangen.

Die Erfahrungen der Vergangenheit haben Marios Charakter geprägt und schweben bis heute über ihm. Sie wiederholen sich regelmäßig und lassen ihm keine Ruhe. Immer wieder findet er sich in ähnlichen Situationen wieder. Es gibt kein Entkommen. Seine ganze Persönlichkeit und sein Verhalten sind davon geprägt. Er ist extrem vorsichtig in Gesprächen, besonders in Gruppen. Er hat große Angst davor, bloßgestellt zu werden. Deswegen beobachtet er seine Umgebung aufmerksam und sieht überall Gefahren. Je unübersichtlicher die Situation ist, desto unwohler fühlt er sich. Richtig entspannt ist er nur allein.

Im Umgang mit Menschen hat er sich eine Maske aufgesetzt. Er ist mittlerweile selbst davon überzeugt, dass andere Menschen ihn nicht mögen, und deswegen verstellt er sich. Er will sie so manipulieren, dass sie ihn akzeptieren und schätzen. Er gibt vor, etwas zu sein, was er nicht ist. Allerdings kann er Kontakte nicht lange halten, weil die Angst mit jedem Mal größer wird, dass sie herausfinden könnten, wie er wirklich ist.

Mario ist ein Musterbeispiel für eine Person, deren Ängste durch schmerzhafte Vergangenheitserfahrungen entstanden sind. Die Erfahrungen sind noch nicht verarbeitet und nehmen viel Platz in seinem Kopf ein. Sobald man ihm Raum zum Erzählen gibt, kommt er auf die Vergangenheit zu sprechen und man spürt seinen starken Redebedarf. Er muss Erklärungen finden, sich selbst besser kennenlernen und neue Erfahrungen machen, um die alten Muster überschreiben zu können. Er muss auf der einen Seite sein Bewusstsein für sich selbst und sein Verhalten erweitern, auf der anderen Seite aktiv werden und sich beweisen, dass es auch anders laufen kann. Dann kann er die vergangenen Erfahrungen und damit auch die Ängste akzeptieren und loslassen.

Nicht immer ist es wie bei Mario, dass sich die Muster der Vergangenheit bis heute wiederholen.

Manchmal funktionieren die Abwehrmechanismen auch. Die Angst erfüllt ihren Job und es kommt nicht mehr zu Ablehnungen. Das klingt erst einmal super! Nur zahlt man dafür häufig einen sehr hohen Preis. Denn die Angst und der Abwehrmechanismus sorgen dafür, dass man sich verschließt und andere Menschen gar nicht mehr an sich heranlässt. Sie halten nicht nur Ablehnungen fern, sondern jegliche Art von menschlicher Nähe. Sie halten andere Menschen auf Abstand. Man wird argwöhnisch und lässt niemanden an sich heran. Und man bekommt trotzdem nicht, was man will. Man vermeidet zwar emotionale Verletzungen, aber man erlebt auch keine wertvollen Verbindungen und Beziehungen. Man vereinsamt hinter dem eigenen Schutzschild. In diesem Fall ist es genauso wichtig wie bei Mario, dass man die eigenen Erfahrungen verarbeitet und die Verhaltensmuster verändert. Man muss erkennen, dass es eine mögliche Ablehnung wert ist, sich zu öffnen, weil man nur so bekommen kann, was man wirklich will. Man muss erfahren, dass es sich gut und richtig anfühlt, sich so zu zeigen, wie man wirklich ist. Und dann wird man auch erleben, dass es wunderschön ist, wenn man genauso akzeptiert und gemocht wird.

Wie genau du das anstellst, wirst du im Laufe dieses Buches erfahren. Nachdem wir mit den Ursachen abgeschlossen haben, wirst du erfahren, wie andere Menschen diesen Weg gegangen sind und wie du es ihnen gleichtun kannst. Du wirst die Schritte erfahren, die du tun musst, um dich mehr zu zeigen und deine Ängste abzubauen.

Zum Abschluss dieses Kapitels ist noch wichtig zu sagen: Jeder Mensch hat in seinem Leben schmerzhafte Erfahrungen gemacht. Das steht außer Frage. Jeder Mensch wurde abgelehnt und ausgelacht. Das ist uns allen schon passiert. Aber nicht bei allen sind diese Erfahrungen auch die Ursache für die Ängste. Entscheidend ist, wie man damit umgegangen ist und wie man sie verarbeitet hat. Nur weil du dich an ein paar Enttäuschungen erinnern kannst, heißt das noch nicht, dass du mit dem Schatten der Vergangenheit zu kämpfen hast. Das ist nur der Fall, wenn du bis heute extrem viel darüber nachdenkst und noch keinen Frieden damit gefunden hast. Wenn das nicht so ist, dann sind ein paar unangenehme Erinnerungen an die Kindheit ganz normal, und wenn man damals einen guten Rückhalt hatte, schaffen es auch die meisten, damit umzugehen und abzuschließen.

Dann ist es wahrscheinlicher, dass die Ursachen für deine Ängste in einem der folgenden Punkte liegen.

DER FLUCH DES PERFEKTIONISMUS

Wie bereits erzählt wirkte Mario auf den ersten Blick ganz normal. Ein netter, junger Mann. Es hat ein bisschen gedauert, bis seine Schwierigkeiten klar erkennbar waren. Erst nach einigen Fragen und Antworten bekam ich ein Gefühl für seine Situation und seine Probleme. So ist es häufig. Zu Beginn weiß ich nicht genau, wo es hingehen wird, und nach ein paar Minuten stellt sich Klarheit ein. Plötzlich entsteht ein Bild, welches Sinn ergibt, und man kann am Verhalten erkennen, wie es zu diesen Problemen kommt. Doch nicht immer ist das so. Manchmal sind die Probleme noch versteckter als bei Mario. Es gibt Erstgespräche, da denke ich nach fünf Minuten: „Wo liegt hier überhaupt das Problem?"

So war es auch bei Helen. Der erste Eindruck war absolut selbstbewusst. Sie hat nett Hallo gesagt und locker Smalltalk gehalten. Es waren keine Unsicherheiten oder komischen Verhaltensmuster erkennbar. Auch in den nächsten Minuten hat sie souverän geredet, einen reflektierten Eindruck gemacht und ist nachvollziehbar auf mich eingegangen. Ich konnte keinen Bedarf für ein Kommunikationstraining erkennen.

Helens Schwierigkeiten waren beinahe ausschließlich innerlicher Natur. Im Außen gab es keine Anzeichen dafür. Sie hatte sich die nötigen Fähigkeiten, um entspannte Gespräche zu führen und neue Kontakte zu knüpfen, längst angeeignet. Sie wusste, wie sie es anstellen musste und sie konnte es abrufen. Ihr Problem: Sie war extrem streng mit sich selbst und hat dadurch fürchterliche Gefühle in sich ausgelöst. Sie hat beispielsweise Folgendes berichtet: „Ich habe die große Angst, einen Fehler zu machen, zum Beispiel etwas Falsches zu sagen und damit alles zu vermasseln." Diese Angst war allgegenwärtig. Je bedeutender die Situation, desto größer die Angst. „Wenn ich erst einmal einen Angstgedanken habe, kann ich ihn nicht mehr stoppen. Ich werde immer angespannter und stehe unter großem Druck." Ihre hohen Ansprüche waren die Ursache für den Druck. Sie hatte die Vorstellung, dass man es sich nicht erlauben kann, einen Fehler zu machen, weil jeder Fehler tödlich sein könnte. Deswegen versuchte sie, um jeden Preis ein perfektes Auftreten hinzulegen und verbrannte durch dieses Vorhaben unfassbar viel Energie. „Ich bin voller Angst. Insbesondere auf der Arbeit. In Meetings. Ich mache mir vorher extrem viele Gedanken und kann zum Teil mehrere Nächte nicht schlafen." Die Gedanken verfolgten sie überall hin. Während sie im Supermarkt einkaufen ging, dachte sie darüber nach. Während sie im Auto saß, wägte sie Situationen ab. Wenn sie mit ihren Kindern spielte, musste sie wieder an diese Situationen denken. Ihr eigener Anspruch forderte alles von ihr. Ihr waren diese Schwierigkeiten selbst bewusst, aber sie wusste nicht, wie sie damit umgehen sollte. Sie erzählte ferner: „Egal wie gut ein Meeting oder Gespräch abläuft, ich finde danach immer etwas, womit ich unzufrieden bin." Und dann zerfleischte sie sich dafür. Machte sich Vorwürfe, dachte permanent darüber nach. Dass ihre Leistungen überdurchschnittlich gut waren, nahm sie kaum wahr, zu sehr war sie mit den kleinen Fehlern beschäftigt.

So geht es nicht nur Helen, sondern einigen Teilnehmern meiner Coachings. Sie zeichnen sich dadurch aus, dass ihre realitätsfremden Ansprüche die Probleme hervorrufen. Sie erwarten etwas von sich, das sie niemals erfüllen werden. Das führt zu andauernder Frustration. Häufig kommt noch das Unvermögen hinzu, mit Fehlern richtig umzugehen. Sie machen sich für jeden kleinen Fehlschlag fertig und das Selbstbewusstsein rutscht immer tiefer in den Keller. Eine super Leistung mit einem kleinen Missgeschick zwischendrin, wird als große Niederlage empfunden. Dahinter steckt die Überzeugung: Alles muss perfekt sein, sonst stimmt etwas nicht mit mir.

Neben den Ängsten kommen sie meistens zu mir, weil sie noch bessere Leistungen erbringen wollen. Sie wollen in jedem Moment die passenden Worte finden und noch überzeugender auftreten. Sie wollen sich weiter optimieren. Sie wollen fehlerfrei werden.

Das Problem: Es wird nie funktionieren. Es ist ein endloses Spiel. Sie werden niemals ankommen. Denn es gibt keine Perfektion. Nicht in der Kommunikation und genauso wenig im Leben. Es gibt nicht einmal richtig und falsch. Egal, was sie tun, es wird manchen Menschen gefallen und anderen nicht. Egal, wie sehr sie sich anstrengen, sie werden sich in manchen Situationen geschickter anstellen und in anderen weniger geschickt. So ist das Leben. Das wird sich niemals ändern.

Gespräche laufen niemals perfekt. Mal verläuft ein Gespräch stockender, mal fließt es mühelos. Mal findet man genau die richtigen Worte, ein andermal ist man überrascht und kann nicht klar denken. Mal ist die Stimmung locker, mal angespannt. Das ist ganz normal.

Überhöhte Ansprüche führen dazu, dass man sich dauerhaft zur Schnecke macht. Man gibt sich selbst ein fürchterliches Gefühl. Nach jedem Gespräch sucht man die eigenen Fehler und gibt dem Selbstbewusstsein einen weiteren Tritt. Selbst wenn man rational weiß, dass man überdurchschnittliche Leistungen erbringt, fühlt man sich permanent inkompetent und ungenügend. Und mit jedem Tag, jeder Situation, jeder Wiederholung dieses Musters, verstärken sich die Gefühle.

An sich selbst zu arbeiten, kann in diesem Fall sogar negative Folgen haben, wenn man es falsch anstellt. Wenn man die eigene Kommunikation optimiert, muss man auf einmal auf noch mehr Dinge achten. Viele Menschen werden dadurch noch unsicherer. Sie machen sich noch mehr Druck und die Angst wird noch größer. Nicht so ganz, was man sich gewünscht hat.

Mein Ansatz ist dabei ein ganz anderer. Statt die Kommunikation zu verbessern, geht es darum, eine starke Persönlichkeit zu werden. Es geht nicht darum, möglichst perfekte Gespräche zu führen, sondern eine große Bandbreite an Erfahrungen zu machen und zu begreifen: „Egal, was kommt, ich werde damit umgehen können." Wir versuchen in kleinen Schritten, emotionale Reife zu erlangen. Das bedeutet nicht, dass man nie mehr abgelehnt wird, sondern dass man mit Ablehnungen umgehen kann. Es bedeutet nicht, dass man keine Fehler mehr macht, sondern dass man davon nicht mehr aus der Bahn geworfen wird. Es bedeutet nicht, dass alle einen mögen, sondern dass man andere Menschen denken lässt, was sie wollen. Es bedeutet, dass man sein Verhalten von den eigenen Werten und Einstellungen abhängig macht und nicht davon, was bei den anderen gut ankommt.

Die Folgen davon sind erstaunlich. Wenn man anderen gefallen will, muss man für jede Person sein Verhalten ändern. Man muss genau planen, was man sagt und wie man sich verhält. Das ist auf einmal nicht mehr nötig. Denn die eigenen Werte bleiben gleich. Man hat plötzlich Klarheit. Man muss nicht mehr nachdenken. Die Ängste werden weniger. Es entsteht Lockerheit. Das sorgt für ein neues Selbstbewusstsein.

DAS ALLEINSEIN DER INTROVERSION

Manche Menschen sind von Natur aus introvertiert. Sie sind stiller und zurückhaltender als der Durchschnitt. Sie sind lieber vorsichtig und nachdenklich, statt mit dem Kopf durch die Wand zu rennen. Sie empfinden laute und große Menschengruppen als anstrengend und brauchen Zeit allein, um die Akkus wieder aufzuladen. Das ist ganz normal. Es stellt kein Problem dar. Auch als introvertierter Mensch kann man ein exzellentes Leben führen. Man kann auf ruhige Art und Weise selbstbewusst sein und ein erfüllendes Privatleben haben. Man kann tiefgründige Gespräche führen, wertvolle Freundschaften aufbauen und einen tollen Partner finden. Das ist absolut möglich!

Auf der anderen Seite gibt es ebenfalls Menschen, die aufgrund der Introversion einsamer sind, als sie es gerne wären. Sie haben sich immer mehr zurückgezogen und Kontakte vermieden, bis sie irgendwann bemerkt haben, dass ihnen doch andere Menschen fehlen. Denn auch als introvertierter Mensch braucht man Nähe und Austausch. Das sind menschliche Grundbedürfnisse, nach denen wir uns auf natürliche Weise sehnen.

Robert war das wohlbekannt. Er war von klein auf introvertiert und hat viel Zeit allein verbracht. Er hatte schon immer wenige Kontakte, wenige Freunde und hat gelernt, damit zurechtzukommen. In unserem ersten Gespräch hat er Folgendes erzählt: „Ich war schon immer ein zurückgezogener Mensch. Ich habe mich allein sicherer und zufriedener gefühlt. Schon als Kind war ich unauffällig und habe meistens allein vor mich hin gespielt." So verhalten sich die meisten introvertierten Kinder. Statt auf andere Kinder zuzugehen, warten sie ab und beobachten. Sie sind erst einmal vorsichtig.

Robert erzählte weiter: „Dadurch hat es sich so entwickelt, dass ich immer wenige Freunde hatte. Im Kindergarten war ich bekannt als derjenige, der am liebsten allein spielt. Das wussten alle." Und so hat sich auch in seinem Kopf das Bild verstärkt, dass er eben ein Einzelgänger ist. Dadurch hat er Kontakte noch einmal mehr vermieden.

„In der Schule hatte ich dann sogar zwei Freunde. Das war sehr schön, aber die waren auch beide so ähnlich wie ich. Wir haben nie etwas unternommen oder sind rausgegangen. Wir saßen stundenlang vor dem Nintendo. Entweder wir haben gezockt, oder wir haben über das Zocken geredet."

Robert hat in seiner Kindheit und Jugend keine Erfahrungen gesammelt, wie man Menschen kennenlernt und Gespräche führt. Er ist kaum mit fremden Menschen in Kontakt gekommen, und falls doch, ist er ihnen bestmöglich aus dem Weg gegangen. Seine Freunde waren genauso wie er – von ihnen konnte er es auch nicht anders lernen. Und deswegen fehlen ihm diese Fähigkeiten bis heute.

„Tatsächlich hat mich das nie gestört", setzte er seine Erzählung fort. „Ich habe es nicht einmal bemerkt, bis ich nach der Schule auf einmal weniger Kontakt zu meinen Freunden hatte.

Der eine ist zum Studieren in eine andere Stadt gegangen, mit dem anderen habe ich mich nicht mehr so gut verstanden. Da war ich zum ersten Mal richtig einsam."

Das erleben viele. Solange du Freunde hast, stört es dich vielleicht gar nicht, dass du nicht auf Menschen zugehen und neue Kontakte knüpfen kannst. Wieso auch – du brauchst es ja gar nicht. Erst wenn ein paar Kontakte wegbrechen, wenn man umzieht oder den Arbeitsplatz wechselt, merkt man auf einmal, was einem fehlt.

„Seit dieser Zeit konnte ich keine richtigen Freundschaften mehr schließen, geschweige denn eine Partnerin finden – was mich immer unglücklicher macht. Manchmal sehe ich auf der Straße, wie sich ein Pärchen küsst oder Händchen hält, und das versetzt mir einen richtigen Stich, weil ich diese Erfahrung wahrscheinlich nie machen werde."

Robert fühlt sich seit Jahren alleingelassen. Er wünscht sich Freunde, aber findet keine. Er wünscht sich eine Partnerin, aber ist Frauen noch nie wirklich nahegekommen. Deswegen fühlt er sich immer verlassener und verliert den Glauben an seine Chancen.

Zu seinem Glück ist er in der Realität nicht chancenlos: Alles, was ihm fehlt, ist Übung. Er kann nicht auf Menschen zugehen, weil er es noch nie gemacht hat. Er kann keine neuen Kontakte knüpfen, weil er es nie gelernt hat. Manchmal wagt er einen einzelnen Versuch, der logischerweise fehlschlägt, und er fühlt sich in seinen Überzeugungen bestätigt: „Wusste ich doch, dass ich das nicht kann." Natürlich kann er es nicht – wie denn auch, wenn er es nie geübt und gelernt hat.

So wie Robert geht es vielen introvertierten Menschen. Das Problem ist nicht die Introversion, sondern dass man aufgrund dessen nie gelernt hat, mit fremden Menschen umzugehen und Verbindungen aufzubauen. Das heißt: Man muss sich überhaupt nicht verstellen oder weniger introvertiert sein, sondern lediglich lernen, auf authentische Art und Weise einen Kontakt herzustellen und Menschen kennenzulernen.

Und glaube mir, das geht! Ich selbst bin auch heute noch introvertiert und verbringe gerne Zeit allein. Ich tendiere dazu, viel nachzudenken und

Situationen erst einmal zu beobachten. Das ist völlig okay und steht mir in keiner Weise im Weg. Solange ich in der Lage bin, offen auf Menschen zuzugehen oder aktiv mitzureden, habe ich die Freiheit, alles so machen zu können, wie ich will. Dann fühle ich mich auch sehr gut damit, mal nur zuzuhören und den anderen Menschen Aufmerksamkeit zu schenken, weil ich das bewusst gewählt habe und mich nicht nur so verhalte, weil ich es nicht anders kann.

Wenn dir von klein auf die Übung in Gesprächen fehlt, wenn du wenig Zeit mit anderen Menschen verbracht hast und deswegen nicht weißt, wie du dich unter Menschen verhalten sollst, musst du erst einmal ein paar Erfahrungen nachholen. Du musst dich herausfordern, dich ausprobieren, viele Gespräche führen und dein soziales Verständnis verbessern. Je mehr praktische Erfahrung du sammelst, desto schneller geht das. Dann wirst du irgendwann Routine in den Gesprächen entwickeln. Gespräche werden weniger anstrengend, du musst dich weniger konzentrieren und wirst automatisch spontaner und kreativer. Dann steht dir nichts mehr im Weg, nach draußen zu gehen und dir das zu holen, was du dir wünschst.

DER STURZ DES SELBSTBEWUSSTSEINS

Manchmal gibt es im Leben einen richtigen Knall. Mit einem Schlag ändert sich alles. Eine tiefgreifende, plötzliche Veränderung. Häufig geht es darum, dass ein bedeutender Teil des Lebens wegbricht. Ohne es kommen zu sehen, steht man auf einmal allein da. Solche Momente können das Selbstbewusstsein in den Keller katapultieren.

Charlotte hat diesen Knall in Form einer Trennung erlebt: „Ich habe es nicht kommen sehen, ich wusste nicht, warum. Von heute auf morgen hatte er eine Neue und wollte nichts mehr von mir wissen. Dabei waren wir 22 Jahre lang verheiratet ..." Logisch, dass man in solchen Momenten mit großen Zweifeln zu kämpfen hat und das Selbstbewusstsein bröckelt.

In den meisten Fällen zeichnen sich diese Momente durch starke Ablehnung aus. Im Fall einer Trennung durch die Ablehnung des Partners oder im Fall eines Jobverlusts durch die Ablehnung des Arbeitgebers. Man ist nicht mehr erwünscht und wird zurückgewiesen. Ein Teil des Lebens, auf dem man die eigene Identität und das Selbstbild aufgebaut hat, wird einem unter den Füßen weggerissen. Man wird zurückgelassen, man verliert seine Zugehörigkeit, man fühlt sich minderwertig.

Manche kommen aus diesem Loch nie wieder heraus. Noch zwanzig Jahre später sind sie verbittert und unzufrieden mit ihrem Leben. Sie sind nie darüber hinweggekommen. Noch immer fantasieren sie darüber, wie sie den anderen die Enttäuschung heimzahlen oder wie sie ihre Ablehner dazu bringen, ihre Entscheidung zu bereuen. Sie sind im Kopf immer noch völlig bei diesem Erlebnis. Sie halten daran fest, weil sie Angst haben, loszulassen. Was danach kommt, kennen sie nicht. Sie fühlen sich im Gefühl der Frustration mittlerweile sicher.

Charlotte ist zum Glück noch weit entfernt von diesem Punkt. Aber auch sie hat schwer mit ihrer Erfahrung zu kämpfen. Ihr Selbstbewusstsein ist bis heute im Keller geblieben und ihre alte Sicherheit scheint unerreichbar: „Die Scheidung ist jetzt zwei Jahre her und ich nage immer noch daran. Wenn ich in Kontakt mit Menschen komme, dann erwarte ich, wieder abgelehnt zu werden. Ich habe angefangen, zu denken, dass etwas mit mir nicht stimmt und die anderen es sehen könnten."

Charlotte hat seit der Trennung einen dauerhaften Knacks in ihrem Selbstbewusstsein. Er entsteht und besteht durch das ungute Gefühl, dass sie verlassen wurde, weil etwas mit ihr nicht stimmt. Sie fühlt sich minderwertig. Das wirkt sich stark auf ihre Gespräche und Beziehungen aus. Sie besitzt eigentlich die nötigen Fähigkeiten, um gute Gespräche zu führen und neue Menschen kennenzulernen, aber ohne das nötige Selbstbewusstsein kann sie diese nicht abrufen. Deswegen will sie etwas verändern.

Ein plötzlicher Sturz des Selbstbewusstseins sollte niemals unterschätzt werden. Es gibt Menschen, die daran zerbrechen und nie wieder ihren inneren Frieden finden. Auf der anderen Seite muss man sich aber auch bewusst machen, dass so eine Veränderung immer auch eine große Chance ist. Es kann ein Weckruf sein. Der Auslöser einer großartigen Weiterentwicklung. Manche Menschen sind ein paar Monate oder Jahre nach so einem brutalen Einschnitt viel glücklicher und zufriedener, als sie es vorher jemals waren.

Deswegen ist es wichtig, dass man mit solchen Ereignissen richtig umgeht. Es ist wichtig, weiterzugehen und den Blick nach vorne zu richten. Es ist wichtig, das Geschehene zu verarbeiten und irgendwann zu akzeptieren. Es ist wichtig, das Beste daraus zu machen. Denn du wirst diese Erfahrung niemals vergessen. Sie ist für immer ein Teil deines Lebens und wird dich nachhaltig prägen. Das kannst du unmöglich verändern. Du kannst nur dafür sorgen, dass diese Erfahrung deinem Leben einen Schwung in die richtige Richtung gibt. Du kannst dafür sorgen, dass diese Erfahrung dich zu einem empathischeren, offeneren und glücklicheren Menschen macht. Du kannst dafür sorgen, dass sie ein entscheidendes Puzzleteil dafür ist, dass du unabhängiger von fremden Meinungen wirst, lockerer und authentischer mit Menschen in Kontakt treten kannst und eine selbstbewusste Persönlichkeit wirst. Dann wirst du in ein paar Jahren voller Dankbarkeit auf diese Erfahrung zurückblicken.

DIE GRENZEN DER LOGIK

Janek ist intelligent. Das weiß er und darauf ist er stolz. Als Mathematiker ist der Intellekt sein wichtigstes Werkzeug und darauf kann er sich verlassen. Alle Herausforderungen geht er mit seiner Logik an. Er durchdenkt die Situation ausführlich und findet eine angemessene Lösung.

Das einzige Problem: Im Privaten scheint das nicht zu funktionieren. Er schafft es nicht, Gespräche und andere Menschen zu verstehen. Er kommt schlechter an, als er es gerne tun würde. Es fällt ihm schwer, eine Verbindung herzustellen. Er hat weniger Kontakte, als ihm lieb ist. Und egal wie angestrengt er nach Lösungen sucht, er findet keine. Soziale Dynamiken bleiben für ihn ein Rätsel.

Häufig ist er in Gesprächen überfordert. Insbesondere in Gruppen. Es geht ihm alles zu schnell. Er findet keine Worte und kann dem Gespräch kaum folgen. Er kann gar nicht so viel aufnehmen und verarbeiten, wie um ihn herum passiert. Komisch – ansonsten lässt ihn sein Kopf eigentlich nie im Stich. Darüber wundert er sich. Insbesondere weil es allen anderen leicht zu fallen scheint. Sie reden einfach mühelos dahin, ohne groß nachzudenken. Sie sprudeln vor Ideen und erzählen eine Geschichte nach der anderen. Während er einfach nur dasteht und durch die Überforderung immer passiver und müder wird. Bis er sich irgendwann möglichst unauffällig aus der Situation zurückzieht.

Deswegen ist Janek frustriert. Er versteht die Welt nicht mehr. Überall kommt er mit seinem logischen Ansatz zurecht, nur im menschlichen Miteinander nicht. Dort fühlt er sich inkompetent. Seine Versuche, andere Menschen logisch zu überzeugen und von sich zu begeistern, scheitern jedes Mal. Er bekommt im Privaten nicht die Anerkennung, die er aus dem Beruf kennt. Er sitzt dabei, aber ist ohne Wert für die Gruppe. Er wird wenig eingebunden, wenig gefragt und wenig beachtet.

Im Erstgespräch hat er klargestellt: „Ich kann eigentlich Gespräche führen. Auf der Arbeit geht das gut oder auch im Privaten, wenn es einen Grund gibt. Wenn ich etwas brauche oder jemanden unterstützen soll, kann ich problemlos auf Menschen zugehen. Schwierig wird es nur, wenn ich keine Aufgabe habe. Dann weiß ich plötzlich nicht mehr, was ich tun soll."

Das ist ein bekanntes Phänomen. Janek braucht einen Rahmen, an dem er sich orientieren kann. Er braucht eine Aufgabe mit einem klaren Ziel. Davon kann er ableiten, wie er sich richtig verhält. Das gibt ihm Sicherheit.

Auf der anderen Seite stehen Alltagsgespräche. Sich einfach locker unterhalten und Spaß haben. Ohne speziellen Anlass. Da wird es für Janek schwierig: „Sobald ein Gespräch keinen Zweck hat, werde ich unsicher. Ich werde leise und will weg."

Das verfolgt Janek schon sein ganzes Leben. Es macht sein Privatleben zu einem Ort voller Enttäuschungen. Nur selten ist er nach Gesprächen einmal zufrieden mit sich selbst. In Fachgesprächen kann er manchmal wenigstens mit seinem Wissen glänzen, aber je persönlicher das Gespräch, desto schlechter stellt er sich an.

Janek ist kein Einzelfall. Viele Menschen wollen alle Situationen mit Logik lösen. Sie verstehen sich als vernünftige Menschen und legen großen Wert auf Rationalität. Dementsprechend verkopft gehen sie in den Kontakt mit anderen Menschen – und machen damit jedes Mal eine Bauchlandung. Janek hat das häufig in Gruppen erlebt. Denn er hatte eine völlig falsche Vorstellung davon, worum es in Gruppengesprächen geht. Den meisten Menschen geht es darum, sich miteinander auszutauschen und Spaß zu haben. Janek dachte, es geht darum, die richtigen Fakten zu nennen. Er wollte die richtige Lösung präsentieren, weil er dachte, darum geht es den anderen. Und dann hat er sich gewundert, dass die anderen sich kaum für ihn interessierten. Sein Problem: Er hatte auf jede Frage eine sinnvolle Antwort parat, aber er konnte anderen Menschen kein gutes Gefühl geben. Damit hat er gezeigt, dass er nicht verstanden hat, worum es in der Gruppe wirklich geht. Die anderen haben gespürt, dass er sie nicht versteht und sich irgendwie unpassend verhält.

Solche Situationen waren Alltag für Janek. In den meisten Gruppen und auch in Einzelgesprächen ist er mit seinem rationalen Ansatz gescheitert. Anschließend hat er sich zusätzlich Mühe gegeben und noch angestrengter nachgedacht. Dadurch war er noch mehr in seinem Kopf und ist noch rationaler an die Situationen herangegangen. Es ist ihm nicht in den Sinn gekommen, dass er es damit noch schlimmer macht. Er hat nicht verstanden, dass logisches Denken in der Kommunikation wenig bringt. Denn Kommunikation ist nicht rational. Gespräche sind nicht rational. Beziehungen sind nicht rational. Sie alle sind zutiefst emotional.

Es ist unmöglich, in Gesprächen alle Faktoren wahrzunehmen, die uns beeinflussen. Häufig bekommen wir ein gutes oder ein schlechtes Gefühl, ohne genau zu wissen, warum. Wir rechtfertigen das in unserem Kopf beispielsweise mit: „Das war ja ein unangenehmer Mensch." Aber wir wissen nicht einmal, was zu diesem Eindruck geführt hat. Allein in der Haltung, den Blicken und der Stimme passiert so viel, dass wir uns gar nicht bewusst auf alles konzentrieren können. Dementsprechend intuitiv verhalten wir uns. Wir haben nicht die Zeit, zu überlegen, was wir tun, sondern wir tun einfach, was sich richtig anfühlt.

Das ist wichtig, zu verstehen. Du wirst Gespräche nie vollständig logisch begreifen. Du wirst nie alle Nuancen rational erkennen und benennen können. Du wirst die Geschehnisse einer Interaktion nie vollumfassend erklären können. Das ist unmöglich.

Aber du kannst ein besseres Gefühl bekommen für andere Menschen. Du kannst spüren, wie sich andere Menschen fühlen und darauf sinnvoll eingehen. Du kannst durch Übung und echte Erfahrungen ein soziales Verständnis entwickeln, durch das du Gespräche mit Leichtigkeit meisterst. Du kannst eine emotionale Intelligenz entwickeln, die es dir leicht macht, andere Menschen zu verstehen und eine Verbindung herzustellen.

WIE DIE ANGST WÄCHST UND UNS EINNIMMT

Ängste gehören zum Leben dazu. Sie sind völlig normal. Sie kommen und gehen. Als kleines Kind hattest du vor Dingen Angst, die dich heute kaltlassen. Heute hast du Angst vor Dingen, über die du als kleines Kind gar nicht nachgedacht hast. Es ist ein immerwährender Prozess. Du entwickelst dich und deine Ängste verändern sich. Mal nehmen sie zu und mal lassen sie nach. So geht es allen Menschen.

Jede negative Erfahrung kann eine Angst auslösen. *Stell dir vor, du bist ein Kind und balancierst einen Baumstamm entlang. Du fühlst dich gut und selbstbewusst. Da rutschst du auf einmal ab. Du fällst auf den Boden und tust dir weh. Du weinst.*

Eine Woche später machst du den gleichen Spaziergang. Du willst wieder den Baumstamm entlang balancieren, aber diesmal hast du Angst. Du bist unschlüssig. Auf der einen Seite bist du neugierig und willst es diesmal schaffen. Auf der anderen Seite steht die Angst, dass du wieder herunterfallen könntest. Du spürst die Angst ganz deutlich. Je stärker der Drang wird, über den Stamm zu balancieren, desto größer wird auch die Angst. Dein Herz pocht.

So schnell entsteht eine Angst. Beim ersten Mal bist du los balanciert, ohne dir Gedanken zu machen. Durch die negative Erfahrung hat sich Angst in dir breitgemacht. Beim nächsten Mal fühlt sich die Vorstellung, über den Baum zu balancieren, völlig anders an.

Das Schöne ist: Ängste verschwinden auch wieder. Sie entstehen aus negativen Erfahrungen oder Interpretationen und sobald man diese Erfahrungen überschreibt, lassen die Ängste nach. So ist es in den meisten Fällen. So soll es sein.

Stell dir vor, du stehst vor dem Baumstamm. Beim letzten Mal bist du gestürzt und hast deswegen Angst. Aber gleichzeitig willst du es unbedingt schaffen. Du spürst deinen Herzschlag. Trotzdem entscheidest du dich, dass du es tun wirst. Du zögerst noch einen Moment und machst dann den ersten Schritt. Dann noch einen Schritt. Und noch einen. Zehn Schritte später hast du es geschafft. Du freust dich. Du jubelst. Alle Anspannung ist abgefallen. Beim nächsten Mal hast du nur noch halb so viel Angst. Beim Mal danach noch weniger. Und wenn du es zehnmal geschafft hast, ohne zu stürzen, ist die Angst völlig weg.

Dann hast du es geschafft. Du hast die Angst überwunden. Du hast die negativen Erfahrungen überschrieben und vertraust auf deine Fähigkeiten. Auch wenn du irgendwann mal wieder stürzen solltest, wird es dich nicht aus der Bahn werfen. Du weißt schon, dass du trotzdem weitermachen und die Angst wieder besiegen wirst. Schließlich hast du es schon einmal geschafft.

Leider klappt das nicht immer. Manchmal werden die Ängste nicht besiegt. Manchmal lassen sie nicht nach, sondern wachsen immer weiter an. Die Angst wird größer und größer. Bis man irgendwann Panik bekommt, wenn man nur daran denkt.

Stell dir vor, du stehst vor dem Baumstamm. Beim letzten Mal bist du gestürzt und hast deswegen Angst. Aber gleichzeitig willst du es unbedingt schaffen. Du spürst deinen Herzschlag. Die Anspannung steigt. Kurz bevor du es schaffst, dich zu überwinden, wird es dir zu viel. „Heute werde ich es nicht tun“, entscheidest du. Also gehst du am Baumstamm vorbei und denkst nicht mehr daran. Beim nächsten Mal tust du es auch nicht. Und die darauffolgenden Male auch nicht. Irgendwann hast du dich so oft dagegen entschieden, dass es für dich gar keine Option mehr darstellt, über den Baumstamm zu balancieren.

Eine Weile später musst du für einen Schulwettbewerb über einen Baumstamm balancieren. Alle anderen trauen sich, da willst du dich nicht als Einziger blamieren. Aber die Angst ist plötzlich mit voller Kraft da. Schon Tage vorher kannst du an nichts anderes denken. Die Angst ist um ein Vielfaches größer als beim letzten Mal, wo du es nicht getan hast. Als der Moment dann gekommen ist, blockierst du und tust es wieder nicht.

Es gibt eine einfache Regel. Ängste werden größer, wenn man ihnen aus dem Weg geht. Je länger du dich vor einer gewissen Angstsituation versteckst, desto überwältigender wird die Angst. Sie bleibt nicht auf dem gleichen Level, wenn keine neuen Erfahrungen dazukommen. Sie wird stärker. Der Baumstamm wird immer furchteinflößender, auch wenn keine neuen Stürze hinzukommen.

Ich kenne das aus meinen eigenen Erfahrungen. Als Sechstklässler war ich in ein Mädchen verknallt. Ich fand sie toll. Sie war eine Frohnatur und für mein damaliges Empfinden sehr hübsch. Ich habe mir vorgestellt, wie ich Zeit mit ihr verbringe und sie kennenlerne. Ich malte mir in meinem Kopf wunderschöne Szenarien aus und steckte dort viel Hoffnung hinein. Ich glaubte daran. Es musste klappen. Und deswegen wagte ich eines Tages einen Versuch.

Persönlich nach einem Treffen zu fragen, traute ich mich nicht. Das wäre zu viel für mich gewesen. Stattdessen schickte ich ihr per SMS eine Nachricht, ob wir mal ins Kino gehen wollen. Und dann wartete ich. Ich wartete und wartete. Es kam mir ewig vor. Zu Beginn war ich ganz nervös und guckte dauernd auf mein Handy. Das wurde am zweiten Tag weniger. Nach einer knappen Woche kam dann eine Antwort: „Sorry, keine Lust.“ Das wars. Mehr nicht. Alle Hoffnung war in einem Moment zerschlagen. Ich bin aus meinen Traumschlössern direkt bis auf den Boden der Tatsachen gekracht. Das war unangenehm. Damit musste ich erst einmal umgehen.

Ja, es war blöd. Aber, um ehrlich zu sein, war die Sache an sich auch nicht so schlimm. Ich habe andere Dinge getan und nach ein paar Wochen kaum mehr daran gedacht. Viel schlimmer war, was in den folgenden Jahren passierte. Denn seit diesem Moment habe ich keiner Frau mehr mein Interesse signalisiert. Ich wollte nicht wieder abgelehnt werden. Ich wollte dieses unangenehme Gefühl vermeiden. Ich habe mich auch ein bisschen geschämt für meine vergangene Ablehnung. Ich dachte, wenn ich gut genug gewesen wäre, dann wäre das wahrscheinlich nicht passiert. Und wenn ich nicht gut genug bin, dann werden das wahrscheinlich auch die anderen Frauen bemerken. Je länger ich solchen Situationen aus dem Weg ging, desto größer wurde meine Angst. Ich war damals in den meisten Gesprächen angespannt, aber wenn ich mit Frauen geredet habe, noch einmal mehr. Ich habe mir großen Druck gemacht, dass ich alles richtig machen muss. Das hat dazu geführt, dass ich diesen Situationen noch stärker aus dem Weg gegangen bin. Dadurch wurde meine Angst noch größer. Sodass ich mit zwanzig Jahren noch nie einer Frau nahegekommen war und an eine Beziehung gar nicht zu denken war.

So ist das mit Ängsten. Je mehr man sie vermeidet, desto stärker werden sie. Je mehr man auf sie zugeht und sie kennenlernt, desto schwächer werden sie.

In einem Gespräch mit Helen, unserer bereits bekannten Perfektionistin, hat sie erzählt, dass sie ihre Ängste nicht versteht. Sie sagte: „Ich weiß gar nicht, was mein Problem ist. Eigentlich laufen die Gespräche immer gut. Ich habe zwar Angst, aber es kommt nie so schlimm, wie ich befürchte. Eigentlich habe ich in den letzten Jahren nie Ablehnung erlebt, deswegen weiß ich auch gar nicht, warum ich noch Angst davor habe.“

Genau deswegen. Wenn man Ablehnung nie erlebt, wird man immer Angst davor haben. Wenn man nicht lernt, mit Ablehnung umzugehen, wird sie immer das eigene Verhalten und die Gefühle steuern. Man wird immer mit Angst in Gespräche gehen.

Helen kann reden. Sie wirkt selbstbewusst und bekommt positives Feedback. Und trotzdem hat sie Angst – denn das Risiko einer Ablehnung ist immer noch da. Tatsächlich ist die Ablehnung für Helen allgegenwärtig. Sie steht unter Dauerstress, um eben diese zu vermeiden. Gespräche kosten sie extrem viel Kraft. Sie verspürt den Zwang, weiterhin so selbstbewusst und positiv auftreten zu müssen. Positive Reaktionen entspannen sie nicht, sondern verstärken den Druck noch zusätzlich. Denn dadurch muss sie noch höheren Erwartungen gerecht werden.

Als Helen zu mir kam, war sie ausgebrannt. Sie hatte keine Kraft mehr, mit sich selbst zu kämpfen. Sie wollte sich nicht mehr jeden Tag quälen. Sie wollte aus ihren Mustern ausbrechen. Sie wollte endlich etwas anders machen. Also habe ich ihr erzählt, dass sie das nur schaffen wird, wenn sie lernt, mit Ablehnung umzugehen. Sie muss Ablehnung zulassen und akzeptieren. Sie muss Erfahrungen damit machen und daran wachsen. Sie muss aufhören, zu kontrollieren, was andere von ihr denken. Sie muss lernen, trotzdem mit sich selbst zufrieden zu sein und sich wohlzufühlen. Das ist, was wir im Coaching erreichen wollen. Wir wollen nicht einfach nur lernen, ein bisschen besser zu reden. Wir wollen uns als Menschen weiterentwickeln. Wir wollen unabhängig werden von fremden Meinungen. Wir wollen selbstbewusst werden. Wir wollen entspannt in Gespräche gehen und Spaß dabei haben.

Ich bin mein Leben lang vor Ablehnung weggerannt. Und glaube mir eins: Es hat mich keinen Schritt vorangebracht. Ich bin immer unsicherer geworden und war immer mehr in meinem Kopf gefangen. Die Angst wurde größer und größer. Erst als ich Situationen, in denen ich abgelehnt werden könnte, bewusst nicht mehr vermieden habe, bin ich vorangekommen. Als ich Ablehnung erlebt habe, bin ich sogar daran gewachsen.

Eine Zeit lang habe ich auf der Straße gestanden und Unterstützer für Hilfsorganisationen gesucht. Ein sehr unbeliebter Job. Ich wurde täglich angemeckert, ignoriert und hundertfach abgewiesen. Und trotzdem musste ich positiv bleiben. Ich musste die anderen Meinungen akzeptieren und weitermachen. Heute kann ich sagen: Ich habe selten so viel gelernt, wie in diesem Job.

Wenn du Ablehnungen begegnest, dann ist es wichtig, richtig damit umzugehen. Es ist wichtig, dass du sie einordnen kannst und nicht auf dich beziehst. Es ist wichtig, dass du deine Handlungen nicht nach den Reaktionen der anderen Menschen bewertest, sondern nach deinen eigenen Werten. Das ist zu Beginn häufig schwierig und deswegen ist Unterstützung dabei so wertvoll. Wenn du einen kompetenten Coach oder Therapeuten an deiner Seite hast, wird es deutlich leichter. Wenn du deine Erfahrungen mit Menschen teilst, die auf dem gleichen Weg sind, wird dir das viel Kraft geben.

Nimm eine Sache aus diesem Kapitel mit: Deine Kommunikation nicht mehr danach auszurichten, Ablehnung zu vermeiden, verändert alles. Du wirst dich mehr trauen und neue Erfahrungen sammeln. Du wirst an diesen Erfahrungen wachsen und selbstbewusster werden. Du wirst weniger daran denken, was andere von dir halten. Und als Folge wirst du irgendwann völlig entspannt und frei kommunizieren.

WARUM GUT GEMEINTE TIPPS SCHADEN KÖNNEN

An schüchterne Menschen werden gerne Tipps verteilt. Ein netter Ratschlag hier, ein kleiner Hinweis dort. Die meisten werden es kennen. Häufig sind es Freunde oder Familienmitglieder, die einem gutmütig weiterhelfen wollen. Das Problem: Die Tipps zeugen häufig von einer Fehleinschätzung der Situation. Sie zeigen, dass den anderen Menschen das Verständnis für das Problem fehlt. Dadurch fühlt man sich häufig noch schlechter, anstatt Aufwind zu bekommen.

Noch schlimmer kann es sein, wenn man sich die Tipps zu Herzen nimmt. Dann können sie richtig schaden. Man will sie umsetzen, gibt sein Bestes und ist am Ende frustriert, weil es logischerweise nicht funktioniert.

Deswegen sollte man in den meisten Fällen lieber die Ohren verschließen, wenn am Esstisch mit gut gemeinten Tipps um sich geworfen wird. Wenn du die folgenden Tipps auch schon einmal gehört hast, dann verbanne sie in die hinterste Ecke deines Kopfes.

„SAG DOCH EINFACH AUCH MAL WAS“

Diesen Tipp habe ich persönlich am häufigsten gehört. Und er hat mich manchmal richtig wütend gemacht. Ich habe mich dadurch völlig missverstanden gefühlt. Wenn ich „einfach auch mal was sagen“ könnte, dann hätte ich gar kein Problem. Aber genau das kann ich ja nicht. Immerhin: Der Tipp ist nicht böse gemeint. Wie so oft fehlt einfach das Verständnis für die Situation.

Als ich den Tipp zum ersten Mal gehört habe, wollte ich ihn sogar umsetzen. Ich habe mir vorgenommen: „Okay, im nächsten Gespräch sage ich einfach auch mal was.“ Und dann kam die Situation. Ich stand dort und dachte: „Okay, was sage ich jetzt?“ Und mir ist erst einmal nichts eingefallen. Stattdessen haben meine Gedanken wieder Fahrt aufgenommen: „Ich könnte ja einfach irgendwas sagen. Aber zum Thema passen sollte es schon. Oder ist das egal? Vielleicht sollte ich lieber etwas Unpassendes sagen als gar nichts. Oder wäre das völlig bescheuert? Ich weiß nicht genau … Aber auch egal, was kann ich denn jetzt sagen?" Und so saß ich da und die Gedanken gingen mir in Dauerschleife durch den Kopf. Und währenddessen lief das Gespräch schon drei Minuten und ich hatte noch kein Wort gesagt. Also dachte ich: „Wäre es komisch, wenn ich mich jetzt auf einmal einbringe? Vielleicht kommt das völlig aus dem Nichts und alle wundern sich." So habe ich mir wie gewohnt den Kopf zerbrochen und du ahnst es schon – ich habe trotzdem nichts gesagt.

Der Tipp „Sag doch einfach auch mal was" richtet sich nicht an schüchterne Menschen, sondern an Menschen, die keine Lust auf Gespräche haben. In diesem Fall kann er sogar etwas bringen. Wenn man unmotiviert ist, aber ansonsten keine anderen Schwierigkeiten hat, dann kann es sich auszahlen, auch einfach mal etwas zu sagen. Man kommt besser ins Gespräch hinein und findet vielleicht sogar Spaß daran. Aber die Motivation war nicht mein Problem. Ich wollte gerne mitreden, diese

Motivation war da. Aber ich war nicht dazu in der Lage. Ich wollte etwas sagen und gesehen werden, aber die Angst, etwas Falsches zu sagen, stand mir im Weg. Ich war gehemmt, hatte keine Ideen und wusste nicht, wie ich es anstellen sollte. Und bei diesen Problemen bringt der Tipp „Sag doch einfach auch mal was" überhaupt nichts.

„SEI DOCH EINFACH EIN BISSCHEN MUTIGER"

Vom Verständnis steht dieser Tipp ein Level über dem ersten Tipp. Hier wird wenigstens verstanden, dass Schüchternheit mit Ängsten zu tun hat. Die Leute erkennen meine Unsicherheit und denken nicht, dass ich einfach mundfaul bin. Das ist ein Fortschritt. Und trotzdem kann man mit diesem Ratschlag wenig anfangen. Es gibt Gründe dafür, dass ich meine Ängste bisher nicht überwunden habe. Und diese Gründe ändern sich nicht einfach so, weil mir jemand diesen Tipp an den Kopf wirft.

Mir fehlt immer noch das Wissen, wie ich es anstellen soll. Aber genau das brauche ich, um meine Ängste zu überwinden. Denn nur dann glaube ich daran, dass es auch wirklich etwas bringt. Ich brauche einen klaren Fahrplan. Ich brauche Sicherheit und muss daran glauben, dass es funktionieren wird. Dann entwickle ich vielleicht den Mut, meine Ängste zu überwinden. Weil ich denke, dass es sich lohnt.

Ohne eine klare Hilfestellung kann dieser Tipp zu Selbstvorwürfen führen. Denn ich wäre ja gerne mutiger. Ich würde den Tipp gerne befolgen, aber es geht nicht. Ich nehme es mir vor, ich probiere es, aber ich bekomme es nicht hin. Wenn das über längere Zeit so läuft und man sich diesen Tipp sehr zu Herzen nimmt, dann kann es passieren, dass man anfängt, zu denken, dass mit einem etwas nicht stimmt. Man denkt: „Die anderen können es. Ich sollte es auch können. Aber es geht nicht." Das führt zu dem logischen Schluss: „Irgendwas stimmt nicht mit mir."

Nicht allen geht es so. Aber die Gefahr ist da. Und wenn es passiert, dann merkt man es nicht einmal. Es passiert ganz schleichend und unbewusst. Du merkst nur, dass du noch unzufriedener bist und noch weniger daran glaubst, dass du etwas verändern kannst. Aus diesen Gründen solltest du unqualifizierten Alltagstipps niemals zu viel

Glauben schenken. Sonst kann es passieren, dass sie dich noch tiefer ins Loch stürzen.

„SEI EINFACH DU SELBST“

Ein schöner Satz. Da kann man kaum widersprechen. Als ich mal einem Freund berichtete, dass ich unzufrieden war und Schwierigkeiten damit hatte, mit Menschen in Kontakt zu kommen, hat er gemeint: „Du musst einfach du selbst sein. Alles andere funktioniert sowieso nicht.“ Und ich habe mich wieder einmal gefragt, wie ich das um Gottes willen anstellen soll.

Aber was heißt das eigentlich genau? Meine Gedanken und Gefühle sind ein Teil von mir. Also auch meine Sorgen und Ängste. Soll ich einfach auf meine Ängste hören und den Angstsituationen für immer aus dem Weg gehen? Soll ich mich allein zu Hause einigeln und nie mehr nach draußen gehen, wenn ich davor Angst habe? Das wäre authentisch!

Diese Fragen beleuchten das größte Problem dieses Tipps. Einerseits ist es etwas Schönes, man selbst zu sein, andererseits kann es sich auch destruktiv auswirken. Wenn du mit deinem Leben glücklich bist, nimm diesen Tipp gerne zu Herzen. Er wird dir helfen und du wirst weiter in die richtige Richtung steuern. Wenn du aber unzufrieden bist und dein Leben den Bach runtergeht, solltest du niemals auf diesen Tipp hören. Denn dann wird er das Ganze noch beschleunigen und eine Veränderung verhindern.

Stell dir vor, du bist Alkoholiker und betrinkst dich jeden Abend bis zum Maximum. Dann ist der Drang nach Alkohol tief in deinen Körper integriert und deine Gefühle werden dich täglich zum Alkohol treiben. Solltest du in solch einer Situation auf deine Intuition hören und deinen Gefühlen folgen? Natürlich nicht – denn dann würdest du genauso weitermachen und wahrscheinlich in ein paar Jahren sterben. Stattdessen solltest du deinen Gefühlen entgegensteuern und etwas verändern. Auch wenn deine Gedanken Tausend Gründe finden, warum du heute noch ein paar Schlückchen trinken solltest, und du mit jeder Faser deines Körpers zum Alkohol willst, ist es besser für dich, Nein zu sagen.

Im sozialen Miteinander ist es genau das Gleiche. Du selbst zu sein, hat dich an den Punkt gebracht, an dem du gerade bist. Wenn du genauso weitermachst, wird alles genauso bleiben, wie es gerade ist. Das ist völlig normal. Wenn du damit zufrieden bist und so weiter machen willst, dann sei du selbst und du wirst damit wahrscheinlich Erfolg haben.

Wenn du etwas verändern willst, dann musst du anders an die Sache herangehen. Denn für Veränderung muss man neue Dinge tun. Man muss neue Erfahrungen sammeln und dazulernen. Man sollte nicht man selbst sein, sondern man sollte sich herausfordern und weiterentwickeln. Etwas anders machen, als du es sonst immer tust. Neue Teile an dir entdecken. Das ist der Weg der Weiterentwicklung.

Ich halte es für wichtig, authentisch und aufrichtig zu sein. Ich bin ein großer Vertreter davon, sich so zu zeigen, wie man ist. Ich versuche in meinen Coachings stets, zu mehr Ehrlichkeit und Offenheit zu inspirieren. Das sind für mich große Werte. Und gleichzeitig ist es wichtig, zu wissen, dass „du selbst sein“ für Weiterentwicklung nicht ausreicht. Wenn du immer nur den bekannten Weg gehst, dann wirst du niemals dein Leben verändern. Dann wirst du niemals das Leben haben, welches du eigentlich gerne hättest. Es geht nicht darum, sich zu verstellen. Auf keinen Fall. Ich will lediglich vermeiden, dass du in die „Sei du selbst“-Falle hineintappst und dich dadurch immer für den bequemen Weg entscheidest. Menschen sind komplex. Sie bleiben sie selbst, auch wenn sie sich entwickeln. Du wirst auch authentisch sein, wenn du neue Dinge tust, neue Erfahrungen sammelst und daran wächst.

Mit den Teilnehmern meiner Coachings orientieren wir uns weniger daran, wie wir sind, sondern mehr daran, wie wir gerne sein wollen. Wir investieren viel Zeit in eine klare Vorstellung der eigenen Werte und Überzeugungen. Was für ein Mensch will ich sein? Was ist mir wichtig? Wie will ich auftreten? Wie will ich mich in bestimmten Situationen verhalten? Und dann werden diese Ideale so gut wie möglich ausgelebt. Natürlich ist das nicht immer leicht und kann zu Beginn ein wenig dauern. Manchmal ändern sich die Ideale auf dem Weg auch noch ein paar Mal. Aber letztendlich ist es für viele Menschen einer der Schlüsselpunkte in ihrem Entwicklungsprozess. Denn eine klare Vorstellung davon zu haben, wie man sein will, und sich daran zu orientieren, führt automatisch dazu, dass man selbstbewusster mit Menschen interagiert und eine stärkere Persönlichkeit wird.

DER WEG DURCH DIE ABLEHNUNG

Die meisten Menschen kommen mit einem klaren Wunsch zu mir: „Ich will nie wieder abgelehnt werden.“ Die wenigsten sagen es so direkt, aber fast immer kann man diesen Wunsch hinter den Aussagen entdecken. Und um ehrlich zu sein, ist es ein nachvollziehbarer Wunsch. Ich denke, viele von uns würden gerne so gut kommunizieren können, dass wir nie wieder abgelehnt werden. Wir wären gerne so charismatisch und sympathisch, dass uns alle mögen und mit uns zu tun haben wollen.

Leider ist das unmöglich. Diesen Wunsch kann man niemals erfüllen. Und man sollte es auch nicht versuchen. Je offener man ist und je mehr man sich zeigt, desto mehr Ablehnung wird man auch erleben. Das ist unveränderbar. Solange du dich versteckst und deine Meinung zurückhältst, wird es wenige Menschen geben, die etwas gegen dich haben. Wenn du mehr in den Vordergrund trittst und deine Meinung einbringst, wird es mehr Menschen geben, die sich daran stören und dich missachten.

Natürlich gibt es auch noch die andere Seite. Während du als versteckte Person kaum wahrgenommen wirst, werden sich mehr Menschen für dich interessieren, wenn du deine Persönlichkeit zeigst. Es gibt immer beiden Seiten. Mehr Menschen mögen dich und mehr Menschen lehnen dich ab. Darüber hinaus gilt: Je direkter und offener du bist, desto stärker polarisierst du. Mehr Menschen lieben dich und mehr Menschen hassen dich.

Wenn du dich mehr zeigen möchtest, z. B., indem du auf Menschen zugehst oder in Gesprächen mehr mitredest, musst du davon ausgehen, dass du mehr positive und negative Reaktionen von Menschen bekommen wirst als zuvor. Das geht nicht anders und das ist auch gut so. Denn die Ablehnung ist einer der Punkte, an denen du am meisten wachsen kannst. Das hört sich erst einmal unverständlich an, aber was du durch die negativen Reaktionen lernst, ist um ein Vielfaches wertvoller als ein paar positive Reaktionen. Ablehnung ist nichts Schlechtes, sondern ein Freund und Helfer in deiner Entwicklung. Wenn du auf deiner Reise zu mehr Selbstbewusstsein und besseren Gesprächen jeden Fehler vermeiden willst, dann wird das deinen Prozess stark verlangsamen. Wenn dein Fokus darauf liegt, Ablehnungen zu vermeiden, dann wird dich das maximal hemmen. Diese Herangehensweise ist der größte Fehler vieler Menschen.

Unser Leitsatz im Coaching-Programm lautet:

„Wir wollen nicht versuchen, durch Tricks und Techniken zu erreichen, dass möglichst viele Menschen uns toll finden. Wir wollen uns offen zeigen und frei kommunizieren, um dadurch genau die Menschen zu finden, die perfekt zu uns passen."

Dieses Ziel wird dafür sorgen, dass du völlig neuen Herausforderungen begegnest und dich als Mensch entwickelst. Und dafür lohnt sich der Aufwand! Wenn du es stattdessen mit Tricks und Techniken versuchst, wird dein Leben immer komplizierter. Denn dabei ist man nicht wirklich authentisch. Ich kenne es von mir selbst. Wenn ich mal eine Notlüge genutzt habe, um einen besseren

Eindruck zu machen, ging es mir im Nachhinein nicht besser. Im Gegenteil – ich war noch angespannter. Ich musste jetzt darauf achten, dass ich diesen Schein aufrechterhalte. Ich musste mir merken, was ich erzählt hatte, und permanent aufpassen, nichts Falsches zu sagen. Dadurch konnte ich nie abschalten und das Miteinander wurde immer anstrengender. Eine Qual!

Einen guten Eindruck zu machen, sollte niemals dein Ziel sein. Stattdessen solltest du versuchen, die Situation nicht mehr zu kontrollieren und dich offen zu zeigen. Du solltest deine Gedanken teilen und andere Menschen besser kennenlernen. Was sie von dir halten, kannst du sowieso nicht kontrollieren. Das ist ihre Sache und nicht deine. Vielleicht erinnerst du dich: Emotional erwachsen zu sein, bedeutet nicht, nie mehr abgelehnt zu werden, sondern mit Ablehnungen umgehen zu können. Es bedeutet, dass du Ablehnungen akzeptieren kannst und nicht mehr kontrollieren musst, was andere über dich denken. Es bedeutet, dass Ablehnungen keine Rolle mehr für dein Verhalten spielen und du es stattdessen danach ausrichtest, was du willst und für richtig hältst.

Ablehnungen sind ein Teil des Lebens. Sie gehören dazu. Für alle Menschen. Solange du davor wegrennst, kontrollieren sie dein Leben. Wenn du mit Ablehnungen kein Problem hast, kannst du tun und lassen, was du willst. Du hast mehr Handlungsmöglichkeiten. Du fühlst dich lebendiger. Du bist frei.

Deswegen ist der Weg durch die Ablehnung alternativlos. Es gibt keine Abkürzung. Es gibt keinen Weg außen herum. Man kann sich nicht vor Ablehnung drücken und dabei lernen, besser mit Ablehnungen umzugehen. Man kann nicht die Ängste vernichten, ohne der Angst entgegenzugehen und sie anzuschauen. Man muss genau den Weg gehen, den man am liebsten vermeiden würde.

Der Weg durch die Ablehnung ist ein großes Abenteuer. Er wird viel von dir fordern. Er wird dich in die Weiterentwicklung zwingen. Du wirst dich erst einmal unsicher fühlen. Du wirst Emotionen erleben, die du über Jahre unterdrückt hast. Du wirst Dinge loslassen müssen, an denen du dich heute noch festklammerst.

Ich bin diesen Weg in den letzten Jahren mit vielen Menschen gegangen. Und ich kann dir sagen: Es zahlt sich für jeden Menschen aus! Es wird sich in allen Lebensbereichen und der kompletten Denkweise etwas verändern, wenn man sich den Situationen stellt, die man zuvor immer vermieden hat. Und deswegen ist der Weg durch die Ablehnung bis heute ein wichtiger Teil meiner Coachings. Natürlich ist dabei wichtig, dass man es richtig anstellt. Es sollte niemand ins kalte Wasser geschmissen und dort allein gelassen werden. Das wäre der sogenannte Worst Case. Es würde wahrscheinlich zu völliger Überforderung führen. Und in diesem Fall kommt es häufig zu einem vorzeitigen Abbruch, bevor der Weg so richtig begonnen hat.

PASSENDE HERAUSFORDERUNGEN FINDEN

Es ist wichtig, dass die Herausforderungen punktgenau zu deiner Situation passen. Es sollte exakt um die Themen gehen, die dich persönlich beschäftigen. Du solltest im besten Fall wirklich einen Vorteil daraus mitnehmen können. Außerdem dürfen sie auf keinen Fall zu schwer sein. Sonst ziehen sie dich herunter und bringen dich zum Erstarren.

Ebenfalls dürfen sie nicht zu einfach sein, sonst verschwendest du deine Zeit und wartest ewig auf eine Entwicklung. Die Herausforderungen müssen perfekt auf deine Ausgangslage zugeschnitten sein.

Eine Analyse ist zu Beginn unvermeidlich. Sonst ist es kaum möglich, passende Herausforderungen zu finden und bestmöglich voranzukommen. Dann kann es passieren, dass du stagnierst und irgendwann frustriert abbrichst. Bei der Analyse musst du auf zwei Faktoren besonders achten: Die Art der Herausforderung und die Schwierigkeit der Herausforderung. Diese werde ich im Folgenden näher erklären:

1. Die Art der Herausforderung

Elias war vor drei Jahren bei mir im Coaching, aber durch seine kreativen Herausforderungen erinnere ich mich bis heute sehr gut daran. Seine große Schwierigkeit bestand darin, nach Dingen zu fragen. Er hat nie um Hilfe gebeten, weil er Angst vor einem Nein hatte. Ein Teil von ihm dachte auch, dass andere Menschen einen schlechteren Eindruck von ihm haben, wenn er Hilfe benötigt. Deswegen war er ein Eigenbrötler und hat alles für sich allein probiert. Die Ausgangssituation war so, dass er nicht einmal nach den alltäglichsten Dingen fragen konnte. Als Beispiel erzählte er damals, dass es ihm unmöglich erscheint, bei seinen Nachbarn zu klingeln und nach ein bisschen Mehl zu fragen. Sogar auf der Arbeit hat er manchmal ewig rumprobiert und viel Zeit verschwendet, bevor er einen Kollegen um Rat gefragt hat.

Also haben wir an diesen Punkten angesetzt. Wir haben eine klare Strategie entwickelt und die Herausforderungen daran orientiert. Wir haben leicht angefangen und uns langsam gesteigert. Das Ziel war auf der einen Seite, dass er positive Erfahrungen sammelt und dadurch Auftrieb bekommt. Auf der anderen Seite sollte er auch Ablehnungen erleben und lernen, damit umzugehen, um letztendlich selbstbewusster zu werden und ganz entspannt nach Dingen fragen zu können.

Als erste Herausforderung wollte Elias im Restaurant nach zusätzlichen Eiswürfeln für sein Getränk fragen. In seiner Vorstellung eine machbare Herausforderung. Und trotzdem ist er am Vortag immer nervöser geworden. Was bei der Planung so einfach erschien, kam auf einmal einer

Mammutaufgabe gleich. Er spürte eine Beklemmung, die ihn nicht mehr verließ, bis er im Restaurant saß. Dort angekommen, spürte er sein Herz klopfen. Aber er blieb einfach sitzen und wartete ab. Er bestellte sein Essen und sein Getränk. Seine Gefühle spielten verrückt. Er bekam das Getränk, nahm ein paar Schlucke und machte den Kellner auf sich aufmerksam. Jetzt war der Moment gekommen. Als Elias zu dem Kellner sprach, kam es ihm fast so vor, als würde er die Situation von außen beobachten. Es ging alles ganz schnell. Elias fragte, der Kellner bejahte, nahm sein Getränk mit und die Nervosität fiel ab. Wer hätte es gedacht – alles super! Im Nachhinein hat sich Elias fast ein bisschen für sein Gefühlschaos geschämt, wo alles doch so einfach verlaufen ist. Aber er war auch stolz auf seinen Erfolg.

Wenn man die eigenen Ängste konfrontiert, muss man sich unbedingt bewusst machen, um was für eine außergewöhnliche Leistung es sich dabei handelt. Die meisten Menschen rennen ihr Leben lang vor ihren Ängsten weg, deswegen ist der Mut zu diesem Weg alles andere als selbstverständlich. Jeder Schritt ist wertvoll. Egal wie groß. Du solltest dir immer danach auf die Schulter klopfen und zufrieden mit dir sein.

Elias hatte Blut geleckt. Deswegen blieben wir natürlich dran. Wenn man einmal entdeckt, wozu man in der Lage ist, will man diese Erfahrung wiederholen. So ging es auch Elias. Er hat sich ab diesem Moment voll reingehängt. Er hat eine Herausforderung nach der anderen gemeistert. Er hat einige Erfolge gefeiert und einige Ablehnungen erlebt. Und er hat gemerkt: „Ich kann mich sogar nach den Ablehnungen gut fühlen. Ich bin trotzdem stolz, dass ich es getan habe, auch wenn die Reaktion negativ war." Das ist eine wichtige Erkenntnis. Denn es geht nicht nur um die Erfolge. Es geht um die Ablehnungen und den Umgang damit. Und Elias hat sich bei jedem Nein weniger daraus gemacht. Er hat es weniger persönlich genommen und weniger darüber nachgedacht. Sein Selbstbewusstsein, wenn er nach Dingen gefragt hat, stieg immer weiter an.

Ein paar Wochen später war Valentinstag. Zu diesem Anlass hat sich Elias vorgenommen, in einer Pizzeria nach einer Pizza in Herzform zu fragen. Als kleine Überraschung für seine Freundin.

Eine eher ungewöhnliche Frage und deswegen eine große Herausforderung für Elias. Er hat die Pizzeria mit der üblichen Nervosität betreten, aber schon beim ersten Wort sein Selbstbewusstsein wiedergefunden. Er rechnete mit einer Ablehnung. Schließlich hatte er noch nie eine Pizza in Herzform gesehen. Doch zu seiner Überraschung war der Pizzaverkäufer geradezu begeistert. Er ist auf ihn eingegangen und hat laut überlegt, wie er das anstellen könnte. Danach hat er sich kurz mit einem Kollegen besprochen und dann die frohe Nachricht verkündet: Elias wird seine Wunschpizza bekommen. Während der Wartezeit fragte der Verkäufer ihn noch, wie er auf diese Idee gekommen sei, und sie redeten ein bisschen. Ein paar Minuten später bekam Elias dann seine Pizza in Herzform und ging mit einer netten Überraschung und einem guten Gefühl nach Hause.

Im Laufe der Zeit wurde Elias mutiger. Das erlaubte es ihm nicht nur, größere Herausforderungen in Angriff zu nehmen, sondern auch sein Verhalten veränderte sich. Bei den Herausforderungen war das klar zu erkennen. Zu Beginn war er sehr vorsichtig. Er wartete nur darauf, abzuhauen.

Einmal hat er jemanden gefragt, ob der ihm ein Lied vorsingen kann, und die Person hat verwundert erwidert: „Warum denn das?“ Woraufhin Elias im Umdrehen noch „Sorry“ sagte und schnurstracks weglief. Er hatte seine Frage gestellt und war im Kopf schon bei der Flucht. Dabei handelte es sich hierbei noch nicht einmal um eine Ablehnung. Es war eine Frage. Ein Zeichen dafür, dass die andere Person auf ihn eingeht und mehr wissen möchte. Aber Elias ist so fest von einer Ablehnung ausgegangen und die Situation erschien ihm so gefährlich, dass er nur noch wegwollte. Ich gebe zu, es ist unwahrscheinlich, dass jemand Fremdes auf der Straße einfach so ein Lied anstimmen wird, wenn man danach fragt, aber vielleicht hätte man sich kurz nett unterhalten können.

Mit der Zeit ist Elias in solchen Situationen selbstbewusster geworden. Er hat angefangen, für sich selbst und seine Fragen einzustehen. Er ist drangeblieben und hat dadurch viel mehr herausgeholt. Eine negative Reaktion war kein Problem mehr. Er hat sich trotzdem nett erkundigt, woran es liegt und ob es vielleicht eine andere Möglichkeit gibt. Er war auf sympathische Weise hartnäckig. Und je mehr er sich herausgefordert hat, desto mehr hat sich das für ihn gelohnt.

Er hat damals mit dem Gedanken gespielt, sich mit einer kleinen Rösterei selbstständig zu machen. Zu diesem Zweck wollte er einige Röstereibetriebe anrufen und ihnen ein paar Fragen dazu stellen, wie sie den Betrieb aufziehen. Er war überzeugt: Sie werden ihm niemals helfen. Sie werden ihn als Konkurrenz betrachten und abblitzen lassen. Er konnte es sich nicht anders vorstellen. Und trotzdem hat er es gemacht. Er hat einige Röstereien herausgesucht und die ersten angerufen. Er hat nett Hallo gesagt und sich erkundigt, ob er ein paar Fragen dazu stellen kann, wie sie ihren Betrieb führen. Und wie erwartet, war die erste Reaktion eher negativ. „Wir können keine Geschäftsinfos rausgeben. Erst recht nicht so spontan am Telefon“, bekam er als Antwort. Mehr kam erst einmal nicht zurück.

In diesem Moment hätte Elias aufgeben können, aber stattdessen ist er drangeblieben: „Alles klar, das verstehe ich. Ich stehe gerade vor dem Start eines eigenen kleinen Betriebs und kann natürlich alle Infos gebrauchen. Gibt es denn eine andere Möglichkeit, sich mal auszutauschen?“ Und die

Reaktion war schon um einiges freundlicher. Die Frau am Hörer war sogar interessiert an seiner Idee und hat ein paar Fragen gestellt. Sie wollte wissen, in welcher Gegend er den Betrieb gründet und wie er sich das vorstellt. Elias hat offen mit ihr geredet und das Gespräch wurde immer lockerer. Mit jeder Minute haben sie sich besser verstanden. Letztendlich haben sie sich eine Viertelstunde unterhalten. Und das Highlight: Zum Ende des Gesprächs hat sie Elias eingeladen, mal bei ihr im Betrieb vorbeizukommen und sich alles anzuschauen. Ein Ergebnis, welches Elias vorher für völlig unmöglich gehalten hätte. Und tatsächlich wäre das auch niemals passiert, wenn er wie in der Vergangenheit sofort die Segel gestrichen hätte.

Es kann viel passieren, wenn man nach Dingen fragt. Man muss die eigenen Wünsche zeigen und dafür einstehen. Dann hat die Welt viele Überraschungen parat. Ich konnte in den letzten Jahren etliche Beispiele dafür beobachten.

Johanna war genervt vom Home-Office. Immerzu saß sie zu Hause und ist kaum mehr rausgekommen. Sie hatte das Gefühl, die Decke fällt ihr auf den Kopf. Sie wollte ihre Arbeitssituation ändern, am liebsten in einem Co-Working-Space arbeiten, wo andere Menschen sind. Aber das war ihr zu teuer. Deswegen blieb sie zu Hause. Im Rahmen ihrer Herausforderungen wollte sie ihren Chef nach der Möglichkeit fragen, in einem Co-Working-Space zu arbeiten – am besten sogar firmenfinanziert. „Niemals klappt das", dachte sie sich, „schließlich ist das auch bei keinem anderen Mitarbeiter so." Trotzdem fragte sie. Und die Realität war wie folgt: Ihr Chef sagte einfach Ja. Es war völlig okay. Er sagte, sie solle einen raussuchen und ihm die Details zukommen lassen, dann würde es passen. Das war für sie eine große Überraschung. Monate hatte sie hin und her überlegt, ob sie sich aus eigener Tasche einen leisten soll, und im Nachhinein waren diese Gedanken völlig überflüssig. Sie hätte einfach nur fragen müssen.

So ähnlich erging es Maren. Sie musste in der Mitarbeiterführung gut mit Menschen umgehen können, aber das war schon immer eine Schwierigkeit für sie. Deswegen schwirrte in ihrem Kopf seit Jahren die Idee, sich zum Coach weiterbilden zu lassen. Das Thema Coaching interessierte sie sehr und sie wollte andere Menschen besser auf ihrem Weg unterstützen können. Das Problem:

Eine richtige Ausbildung zum systemischen Coach kann bis zu zwölftausend Euro kosten. Ein stolzer Preis. Erst im Rahmen ihrer Herausforderungen machte sie den Schritt auf ihre Vorgesetzten zu und fragte nach einer finanziellen Unterstützung. Die Folge: Ihre Firma übernahm die gesamte Finanzierung und sie konnte sich über zwei Jahre hinweg berufsbegleitend zum systemischen Coach weiterbilden.

Im Privatleben sieht es genauso aus. Wenn man für seine Wünsche einstehen und danach fragen kann, öffnen sich tausend neue Türen. Egal ob man nach einer Information, einem klärenden Gespräch oder einem Treffen fragt, es wird sich immer mehr ergeben, als wenn man zurückgezogen abwartet. Um das zu lernen, sind die Herausforderungen Gold wert.

Die Herausforderungen müssen sich wirklich darum drehen, was dir persönlich Probleme bereitet. Du musst Klarheit darüber bekommen, an welchen Punkten du ansetzen willst. Wenn du keine Schwierigkeiten damit hast, nach Dingen zu fragen, dann musst du dein Augenmerk auf etwas anderes legen. Dann musst du analysieren: Wo sind meine Problemfelder und wie kann ich diese so gezielt wie möglich angehen?

Carolin hat ihr Leben sehr stark nach anderen ausgerichtet. Sie hat ihr Verhalten und ihre Persönlichkeit an ihre Mitmenschen angepasst. Bei Arbeitskollegen spielte sie eine andere Rolle als bei ihren Freunden oder in anderen Lebensbereichen. Sie wusste selbst gar nicht genau, was sie mag und was ihr wichtig ist, weil sie das immer an die anderen angepasst hat. In ihrer letzten Beziehung hat sie sich selbst ein Stück weit verloren. Sie hat immer mehr versucht, ihrem Freund zu gefallen und alles richtig zu machen. Sie war im Kopf ausschließlich bei seinen Bedürfnissen und hat sich selbst dabei vergessen. Sie wurde immer antriebsloser und unzufriedener. Bis sie es irgendwann nicht mehr ausgehalten hat. Sie hat sich immer mehr distanziert und die Beziehung schließlich beendet. Sie hatte keine Kraft mehr dafür.

Sie wollte einen Neuanfang. Deswegen sind wir damals in Kontakt gekommen. Sie wollte unabhängiger von anderen Menschen werden und ihre eigene Persönlichkeit entdecken. Sie wollte nach draußen gehen und sich wieder lebendiger fühlen.

Sie wollte ganz viel anders machen. Das Problem: Sie hatte große Hemmungen dabei, allein etwas zu unternehmen. Sie wollte losziehen und neue Menschen kennenlernen, aber sie traute sich nicht. Nicht allein. Sie brauchte immer eine Gruppe, um sich sicher zu fühlen. Das hat ihr eine Identität gegeben.

Als wir diesen Punkt zusammen beleuchtet haben, war ihr klar, dass sie das gerne angehen will. Sie hatte schon lange die Idee im Kopf gehabt, mal allein in den Urlaub zu fahren. Ganz unabhängig eine unbekannte Stadt entdecken. Neue Orte sehen und neue Menschen kennenlernen. Das war schon lange ein Traum von ihr, aber der Gedanke daran fühlte sich auch furchteinflößend an.

Also haben wir den Weg dorthin in kleinen Schritten vorbereitet. Sie hat erst einmal kleinere Schritte gemacht. Sie ist allein in ein Café gegangen. Sie war allein im Restaurant essen. Sie ist allein einen Tag an einen See gefahren. Sie hat viele Erfahrungen gemacht und wurde währenddessen mit ihren Ängsten konfrontiert. Sie war die ersten Male sehr verunsichert. Sie hat sich permanent umgeschaut, ob sie jemand beobachtet. Sie dachte:

„Die anderen denken bestimmt, dass ich keine Freunde habe, wenn ich hier so allein auftauche."

Mit der Zeit hat sie sich und ihre Ängste besser kennengelernt. Und es wurde nicht nur immer leichter, sie war auch nach jedem Mal stolz auf sich. Sie fühlte sich gut und merkte, dass es aufwärtsging. Das gab ihr noch mehr Motivation. Und nach einigen weiteren Herausforderungen und spannenden Erfahrungen buchte sie ihren Urlaub und verbrachte eine schöne Woche in Spanien. Das wäre ein paar Wochen zuvor unvorstellbar gewesen. Sie hatte etwas getan, was sie sich vorher niemals zugetraut hatte. Und dadurch fühlte sie sich lebendiger und selbstbewusster denn je zuvor.

Hier sieht man: Die Herausforderungen müssen passgenau auf das Ziel zugeschnitten sein. Für Carolin war es wichtig, aus dem Haus zu kommen und allein etwas zu unternehmen. Wenn sie stattdessen, wie Elias, nach Dingen gefragt hätte, dann hätte sie deutlich weniger mitgenommen. Andersherum hätte es sich für Elias wie Zeitverschwendung angefühlt, wenn er einen Tag allein an einen See gefahren wäre. Nicht alles passt zu jedem. Je genauer die Herausforderungen zu deiner Situation passen, desto mehr bringen sie. Je genauer sie dazu passen, was du lernen willst, desto schneller geht es. Wenn du keine Zeit verschwenden und dich unnötig quälen willst, dann brauchst du individuell passende Herausforderungen für deine Situation.

2. Die Schwierigkeit der Herausforderung

Wie schwierig deine Herausforderungen sind, sollte wohlüberlegt sein. Sie sollten nicht zu leicht sein und auf keinen Fall zu schwer. Das entscheidet darüber, wie fließend der Prozess ist. Die Herausforderungen sollten schwer genug sein, damit du dich überwinden musst, und sie sollten so leicht sein, dass du nicht in Panik ausbrichst. Es geht um den kleinen Bereich zwischen der Komfortzone und der Panikzone. Dieser wird häufig auch Lernzone genannt. Dort kannst du dich am schnellsten und effektivsten entwickeln.

Ich habe schon oft beobachten können, dass Menschen sich überschätzen und mit den Herausforderungen heillos überfordern. Sie nehmen sich Dinge vor, die sie sowieso nicht umsetzen werden und dadurch nur frustrierter werden. Sie sind in der Situation, tun es nicht, und schlagen danach mental auf sich ein. Die Unzufriedenheit steigt und das Selbstbewusstsein sinkt. Nach einer Weile brechen sie ab, weil es in die falsche Richtung geht. Sie sind enttäuscht von sich selbst und machen genauso weiter, wie sie es vorher getan haben. Das passiert, wenn die Herausforderungen zu schwer sind.

Bei zu leichten Herausforderungen passiert das Gegenteil. Du langweilst dich und verschwendest deine Zeit. Irgendwann bemerkst du, dass du kaum etwas lernst, und brichst den Prozess deswegen ab. Du fühlst dich nicht ganz so schlecht, bist aber ebenso enttäuscht, dass du nichts verändern konntest.

Aus diesen Gründen kann eine passende Einschätzung zu Beginn der Herausforderungen viel wert sein. Je besser die Art und die Schwierigkeit zu deiner Situation passt, desto leichter und zuverlässiger wirst du dein Ziel erreichen. Vielen Menschen hilft außerdem manchmal ein kleiner Schubser, um den Schritt zu machen, den sie innerlich wollen, aber in der Angstsituation doch lieber vermeiden.

Wenn die Herausforderungen passen und kontinuierlich umgesetzt werden, ist der Weg durch die Ablehnung Gold wert. Je mehr Erfahrungen du sammelst, desto lockerer wirst du. Wähle die Herausforderungen mit Bedacht und mache einen Schritt nach dem anderen, dann gibt es kaum einen wertvolleren Weg.

ÜBER DEN UMGANG MIT ABLEHNUNGEN

Wenn du den Weg durch die Ablehnung gehst, wirst du einigen Problemen begegnen. Eins davon ist dein Umgang mit eben diesen Ablehnungen. Denn viele Menschen müssen diesen Umgang erst einmal lernen. Sie haben es in der Vergangenheit nicht gelernt, weil sie Ablehnung vermieden haben. Sie sind selten in solche Situationen gekommen. Und wenn doch, waren sie völlig überfordert. Deswegen wissen sie nicht, wie sie Ablehnung akzeptieren können, ohne sich dabei selbst runterzumachen.

Wenn du Ablehnung seit jeher vermeidest, wird es dir auch so gehen. Du kannst gar nicht wissen, wie du damit umgehen sollst, wenn du es nie gelernt hast. Das ist ganz normal. Paul ging es genauso. Er wollte auf der Straße jemanden fragen, ob er ihm einen 20-Euro-Schein in vier Fünfer wechseln kann. Eine Herausforderung, die für ihn auf jeden Fall machbar war. Deswegen hat er es ein paar Mal getan und ein paar Zurückweisungen bekommen. Jemand hat ihn abschätzig angeguckt und ist ohne Antwort einfach weitergelaufen. Das hat an Paul genagt. Es hat ihn heruntergezogen. Seine Stimmung wurde schlechter und seine Energie weniger. Er hat es letztlich sogar geschafft, seinen Geldschein zu wechseln, aber konnte sich nur halbwegs freuen. Sein Fokus war noch bei den Ablehnungen. Trotz des Erfolges hat er sich nur auf die Ablehnungen konzentriert. Besonders auf diese eine. Er musste an diesem Tag noch mehrmals darüber nachdenken.

Wie Paul geht es vielen. Insbesondere am Anfang. Ich weiß noch, wie es war, als ich angefangen habe, als Fundraiser für Hilfsorganisationen zu arbeiten. Dort habe ich täglich acht Stunden auf der Straße gestanden und wollte Menschen für unser Projekt begeistern. Wie du dir vielleicht vorstellen kannst, hat es dabei Ablehnungen geregnet. Von „Lass mich in Ruhe“ bis „Halt‘s Maul“ war alles dabei. Mehrere Hundert Mal am Tag. Zu Beginn war ich nach ein paar Minuten völlig platt. Ich konnte nicht mehr. Es war eine Qual. Meine Stimmung war noch sehr von den anderen Menschen abhängig. Ich war emotional abhängig. Ich konnte nicht aus mir selbst heraus Spaß haben und die Zeit genießen, ich war dafür auf die anderen angewiesen.

Um das zu verändern, gibt es nur eine Möglichkeit. Man muss die Ablehnung erleben und richtig einordnen. Es gibt keine Abkürzung. Man muss trotzdem weitermachen. Man darf der Ablehnung nicht mehr die Macht über sich geben, sondern man muss sich selbst zeigen, dass andere Dinge wichtiger sind. Zum Beispiel die eigene Entwicklung oder der Job als Fundraiser. Mit der Zeit lernt man, die Stimmung mehr aus sich selbst zu ziehen. Wenn man trotz Ablehnungen weitermacht, verlieren sie immer mehr an Bedeutung. Wenn man mit Freunden oder einem Coach darüber redet und die Ablehnungen richtig einordnet, dann nimmt man sie auch weniger persönlich. Dann akzeptiert das Unterbewusstsein die Ablehnungen immer mehr als das, was sie wirklich sind – Lernerfahrungen, die dich voranbringen. Egal wie schlimm eine Ablehnung ist, man lernt in jedem Fall dazu und wird stärker. Man entwickelt sich. Irgendwann kann man darüber lächeln. Man fühlt sich so wohl mit sich selbst, dass eine Ablehnung daran nichts ändern kann. Man wird durch nichts mehr aus der Bahn geworfen.

Neben der Ablehnung wird es für viele auch schwer, wenn sie eine Herausforderung nicht hinbekommen. Sie nehmen sich etwas vor und scheitern dabei, es umzusetzen. Im entscheidenden Moment knicken sie ein und tun es doch nicht. Die Folgen sind in vielen Fällen Selbstvorwürfe und Enttäuschung. Dabei ist es trotzdem ein Schritt in die richtige Richtung. Du hast dich selbst besser kennengelernt. Du hast etwas Neues darüber gelernt, wie du deine Herausforderungen gestalten musst. Vielleicht war dieser Schritt einfach zu groß. Vielleicht musst du erst einmal leichtere Herausforderungen anpacken. Du hast auf keinen Fall einen Rückschritt gemacht. Du hast etwas über dich herausgefunden und deine Selbstkenntnis gestärkt. Es geht immer weiter und jeder Versuch ist ein Schritt in die richtige Richtung.

Auch wenn du eine Herausforderung schon einmal geschafft hast und sie jetzt auf einmal nicht mehr schaffst, ist das kein Weltuntergang. Es hat sich eben etwas verändert. Das kommt vor. Auch hier ist es Quatsch, dass du dich zurückentwickelt hast. Auch das ist Teil deiner Reise und kann nicht umgangen werden. Die Situation war anders als beim letzten Mal. Vielleicht warst du dieses Mal in einer schlechteren Stimmung, vielleicht waren ein paar Details anders, vielleicht war dein Tag anstrengender. Unter den exakt gleichen Umständen wie letztes Mal, hättest du es auch dieses Mal geschafft. Aber es war eben etwas anders. Auch wenn es vielleicht nur daran lag, dass du dieses Mal weniger motiviert warst, weil du es schon beim letzten Mal geschafft hast. In jedem Fall ist es kein Rückschritt. Denn immer, wenn du aktiv bist, bewegst du dich in die richtige Richtung. Entweder es läuft nach deinen Vorstellungen oder du lernst etwas. Und das ist immer wertvoll.

WIE DIR EGAL WIRD, WAS ANDERE DENKEN

Der Weg durch die Ablehnung hat viele angenehme Nebeneffekte. Unter anderem muss man für den richtigen Umgang mit Ablehnungen lernen, besser darin zu werden, sich selbst Bestätigung zu geben. Man muss die eigene Zufriedenheit an die eigenen Vorstellungen knüpfen – nicht an die Reaktionen der anderen Menschen. Das ist emotionale Reife. Und das ist ein unverzichtbarer Teil des Umgangs mit Ablehnung.

Um glücklich zu sein, sollte kein anderer Mensch mit dir zufrieden sein müssen, außer dir selbst. Du solltest niemals andere Meinungen stärker als deine eigene Meinung gewichten. Du darfst gerne offen sein für Feedback und fremde Gedanken mit einbeziehen, aber letztendlich solltest du so handeln, wie du persönlich es für richtig hältst.

Deswegen solltest du dein Handeln einzig und allein nach deinen eigenen Werten ausrichten. Was ist *dir* wichtig? Was hältst *du* für richtig? Was für ein Mensch willst *du* gerne sein? Die Antworten auf diese Fragen verändern sich im Laufe deines Lebens und so kann sich auch dein Kurs verändern. Aber im jetzigen Moment sollten immer die aktuellen Antworten dein Wegweiser sein. Und wenn du dich dementsprechend verhältst, musst du dir selbst um jeden Preis positives Feedback geben. Egal, wie es ausgeht. Egal wie andere reagieren. Du musst dieses Verhalten bestätigen und dir selbst auf die Schulter klopfen.

Das ist eine der wichtigsten Aufgaben von Coaches. Sie sollten mit dir zusammen Klarheit schaffen, wie du dich verhalten willst, und dann sollten sie dieses Verhalten bestmöglich bestärken. Sie sollten dir Mut und Vertrauen auf diesem Weg geben. Und nach jeder Erfahrung sollten sie dich dabei unterstützen, dich nur nach deinen eigenen Vorstellungen zu bewerten.

Du erinnerst dich vielleicht an Mario, der aufgrund seiner schwierigen Vergangenheit mit sozialen Ängsten zu kämpfen hatte. Er hat sich wacker geschlagen und nach ein paar Wochen einmal den Mut aufgebracht, an einem Gruppengespräch teilzunehmen. Er hat sich zu vier Leuten dazugestellt, die sich am Rande einer Veranstaltung unterhalten haben. Allerdings sind sie kaum auf ihn eingegangen. Sie haben nur kurzsilbig geantwortet und ihn mehr oder weniger links liegen gelassen. Sie haben generell eher mürrisch und schlecht gelaunt gewirkt. Deswegen hat Mario sich abgelehnt gefühlt. Er war enttäuscht von sich. Er hat den Versuch bereut.

Zwei Tage später hat er mir berichtet: „Ich hätte sie nicht ansprechen sollen. Das war eine schlechte Situation. Das hätte ich erkennen müssen." Das war seine Meinung. Und genau dieser Umgang mit Ablehnung ist ein Problem. Er hat die Bewertung der Situation einzig und allein auf das Ergebnis zurückgeführt. Er dachte, er hätte sich falsch verhalten, weil die Reaktion negativ war. Er bewertete sich selbst nicht nach eigenen Werten, sondern nach fremden Reaktionen.

Deswegen war es hier meine Aufgabe, tiefer nachzuforschen: „Hast du die Situation denn *in dem Moment* als passend empfunden?" Er überlegte kurz. Dann antwortete er: „Ich denke ja. Sonst hätte ich es nicht getan. Ich war wahrscheinlich zu blöd, um zu erkennen, wie die Situation wirklich war." Ich nickte und stellte die nächste Frage: „Also hast du die Situation für passend gehalten und deswegen Kontakt aufgenommen. Heißt das nicht, dass du dich genauso verhalten hast, wie du dich gerne verhalten willst?" Er wusste, was ich mit dieser Frage bezwecken wollte. Wir hatten dieses Thema bereits. Aber in ihm sträubte sich etwas. Er sagte: „So gesehen ja, aber in dem Moment war es ja ein Fehler."

Ich kann seine Ansicht gut verstehen. Fast jeder im Coaching denkt so. Und auch die meisten anderen Menschen denken so. Ich kenne das selbst sehr gut. Die unbewusste, dahinter liegende Einstellung ist: Ich wurde abgelehnt. Und Ablehnung sollte man um jeden Preis vermeiden. Deswegen war es ein Fehler.

Aber ein erwachsener und selbstbewusster Umgang damit sieht anders aus. Ich habe Mario erklärt, was ich denke: „In meinem Weltbild hast du alles richtig gemacht. Deine einzige Alternative wäre gewesen, auch in einer passend erscheinenden Situation, in der du gerne reden willst, dich zurückzuhalten und zu verstecken. Und das nur, weil du vielleicht etwas falsch eingeschätzt haben könntest. Klingt das besser?" Ohne zu zögern, erwiderte er: „Auf keinen Fall. Aber ..." Er wurde nachdenklich und brauchte einen Moment, bis er weiterredete: „Was, wenn ich die Situationen in Zukunft weiterhin falsch einschätze?"

Ich musste leicht lächeln, weil ich den Gedanken gut verstehen konnte. Das war eine nachvollziehbare Sorge. Ich antwortete: „Dann lernst du ganz schnell, mit Ablehnung umzugehen und es macht dir nichts mehr aus." Mario guckte mich an. Er sah unzufrieden aus. Das war definitiv nicht, was er wollte. Also machte ich weiter: „In der Realität wird es aber nicht so laufen. Wenn du auf Menschen zugehst und solche Situationen erlebst, wird es schnell besser werden. Nach dieser einen Situation hast du schon eine Menge gelernt. Beim nächsten Mal wirst du solche Situationen deutlich besser einschätzen können. Das ist das Schöne, wenn man aktiv wird und neue Erfahrungen sammelt. Der Lernprozess kommt automatisch in Gang. Im Gegensatz dazu: Wenn du dich weiter zurückhältst und keine neuen Erfahrungen sammelst, wirst du diese Situationen niemals passend einschätzen können."

Aus genau diesem Grund haben die meisten Menschen überhaupt erst diese Probleme. Die Vermeidung macht aus einem vorübergehenden Missgeschick ein dauerhaftes Problem. Zum Abschluss habe ich Mario mit auf den Weg gegeben: „Am besten bist du stolz auf dich und klopfst dir selbst auf die Schulter. Wenn du dich nach richtigem Verhalten gut fühlst, wirst du weiter so handeln wollen und die Probleme lösen sich von ganz allein."

Wichtig ist dabei: Es reicht nicht, zu denken, dass man sich gut fühlen sollte. Man muss verstehen, warum man richtig gehandelt hat und warum es berechtigt ist, darauf stolz zu sein. Mario muss erkennen, dass sich nur wenige Menschen trauen, ihren Ängsten die Stirn zu bieten und dass er etwas Außergewöhnliches leistet. In dem Moment, in dem er auf andere Menschen zugeht, gibt es schon Tausende Gründe, um mit sich selbst zufrieden zu sein. Wie die Situation ausgeht, tut dabei nichts zur Sache. Das muss er emotional begreifen. Dann fühlt er sich gut, egal wie es läuft, und er wird automatisch unabhängiger von den Reaktionen der anderen.

Am leichtesten ist das, wenn man auf ein Umfeld aus gleichgesinnten Menschen zurückgreifen kann, die einen dabei unterstützen. Am besten teilen diese Menschen die gleichen Werte und greifen sich gegenseitig unter die Arme. Dann ist man von Meinungen anderer Menschen umgeben, die das gewünschte Verhalten bestärken. So ist das Spiel schon halb gewonnen. Dann muss man nur noch einen Schritt nach dem anderen machen, die Erfolge genießen, die Misserfolge teilen, und dann wird man mit jedem Schritt entspannter und selbstbewusster im Kontakt mit Menschen.

JEDER KANN SPONTAN UND KREATIV REDEN

Tanja war zu Beginn des Coachings überzeugt, dass mit ihr etwas falsch ist. Sie hatte das Gefühl, dass ihr etwas fehlt, was alle anderen haben. Ihr fehlten die Worte. Sie wusste nie, was sie sagen sollte. Sie konnte sich nicht locker unterhalten, weil sie schlichtweg keine Einfälle hatte. Keine Idee. Null. Ihr Kopf war leer.

So geht es vielen Menschen. Nichts kommt häufiger vor als das Fehlen der Worte:

- „Ich weiß nicht, wie ich ein Gespräch beginnen soll."
- „Ich weiß nicht, was ich zu diesem Thema beitragen kann."
- „Ich weiß nicht, wie ich ein Gespräch fortsetze, wenn Stille entsteht."

Viele führen es darauf zurück, dass sie einfach zu unkreativ sind oder zu wenig Wissen haben, um gut Gespräche zu führen. So auch Tanja. Im Erstgespräch hat sie mir erzählt: „Mir fehlen die Inhalte. Ich habe wahrscheinlich nicht das nötige Allgemeinwissen, um mitreden zu können.“ Davon war sie überzeugt. Sie hatte sogar bereits versucht, etwas daran zu verändern: „Ich habe mehr Zeitung gelesen und mich für allgemeinere Dinge interessiert, aber es hat nichts verändert.“ Bisher waren alle Versuche fehlgeschlagen. Sie hatte sogar schon in Betracht gezogen, dass mit ihrem Gehirn etwas falsch ist und sie sich einfach nicht so viel merken kann.

Im weiteren Gespräch hat sich herausgestellt, dass es Situationen gab, in denen sie kein bisschen um Worte verlegen war. Mit ihrem Sohn oder ihrer besten Freundin fehlten ihr niemals die Worte. Dort redete sie einfach drauflos, ohne nachzudenken. Dabei ergaben sich auch gute Gespräche und sie war sehr zufrieden damit. Problematisch wurde es erst, wenn sie die Leute weniger kannte. Im Lehrerkollegium an ihrer Schule oder mit Teilnehmern ihrer Sportkurse. Dort wurde sie plötzlich unsicher und hatte keine Einfälle mehr. Sie hörte zu und sagte nichts.

Jetzt die wichtige Frage: Liegt das wirklich an fehlendem Wissen?

Meine Erfahrung sagt: Nein. In den meisten Fällen hat es damit nichts zu tun. Mit Sicherheit wird es auch Einzelfälle geben, in denen es am Wissen scheitert, aber bei Tanja und den meisten Menschen, mit denen ich gearbeitet habe, ist das nicht so. Dort ist das Problem ein anderes. Es ist nicht so, dass ihnen nichts einfällt, was sie sagen könnten. Sie wissen nur nicht genau, was gut ankommen wird. Wenn Tanja mit ihren Kollegen spricht, hat sie genauso viel Wissen, wie wenn sie sich mit ihrer besten Freundin unterhält. Das ist immer noch da. Sie weiß nur nicht so genau, was den anderen gefällt, und kann die Situation deswegen schlechter kontrollieren. Das verunsichert sie. Die Angst vor Ablehnung steigt in ihr hoch und sie sagt lieber nichts mehr. Dann kann sie wenigstens nichts Falsches sagen.

Ich kenne das gut von mir selbst. Ich hatte in meiner Jugendzeit ein paar Freunde, die ich seit meinem fünften Lebensjahr kannte. Wir waren ähnlich und verbrachten viel Zeit miteinander. Bei ihnen fühlte ich mich wohl und konnte, ohne nachzudenken, sagen, was mir in den Kopf kam. Wenn ich neue Menschen getroffen habe, war plötzlich alles anders. Es hat schon gereicht, dass eine fremde Person zu unserer Gruppe hinzugekommen ist. Plötzlich war ich völlig gehemmt und konnte nicht mehr frei reden. Ich wurde leise und habe nur noch beobachtet. Ich hatte das Gefühl, dass mir nichts mehr einfällt.

Ich dachte, mir fehlen das Wissen und die Spontanität, aber das war nicht das echte Problem. Ich hatte immer noch genauso viel Wissen wie sonst. Ich wusste nur nicht, was die anderen hören wollen und was ein gutes Licht auf mich wirft. Doch genau das wollte ich sagen. Ich wollte unbedingt, dass meine Worte ein gutes Bild auf mich werfen. Ich wollte einen guten Eindruck machen. Alles, was aus meinem Mund kommt, sollte passend und richtig sein. Ich wollte intelligent, selbstbewusst und sympathisch wirken. Das hat mir extremen Druck gemacht. Ich wurde immer angespannter. Ich hatte Angst, etwas Dummes oder Komisches zu sagen. Ich habe alles zehnmal überdacht, bevor ich es ausgesprochen habe. „Was sagt das über mich aus? Wie wirke ich dann? Soll ich es wirklich sagen?" Ich wurde dabei immer nervöser, weil ich nicht wusste, wie ich mich entscheiden soll. Man kann niemals mit absoluter Sicherheit wissen, wie etwas ankommt. Also habe ich lieber nichts gesagt und leise am Rand gesessen.

So ging es auch Tanja. Sobald eine soziale Situation anstand, haben die Gedanken angefangen. Sie hat die Gespräche im Kopf vorausgeplant und Worte zurechtgelegt. Allerdings war sie von ihren Ideen selten völlig überzeugt und hat sie deswegen wieder verworfen. Nichts erschien ihr gut genug. Als sie dann in der Situation war, gingen die Gedanken weiter. Eine unaufhaltbare Spirale, die ihr immer mehr Druck machte: „Jetzt sag doch auch mal was." Aber es kam nichts. Keine Idee, kein Einfall. Sie war mit ihrer Aufmerksamkeit so sehr bei ihren Gedanken, dass im Kopf kein Platz für das Gespräch und spontane Einfälle war.

Im Coaching haben wir diese Herangehensweise radikal verändert. Wir wollten den Druck erst einmal völlig herausnehmen. Wir wollten andere Verhaltensmöglichkeiten erkunden. Deswegen haben wir ihren bisherigen Ansatz einmal völlig umgedreht. Ihre neue Herangehensweise war: „Ich muss nichts sagen." Das galt absolut. Es war völlig okay, wenn sie nichts sagte. Sie musste sich nicht einbringen. Sie musste kein aktiver Teil der Gespräche sein. Sie durfte auch einfach leise sein und zuhören. Auch dann war alles in Ordnung.

Zu Beginn hat sie sich dagegen gewehrt. Sie wollte diesen Ansatz nicht. Es kam ihr falsch vor: „Aber ich will doch etwas sagen. Ich will mich gerne einbringen. Ich mag den Gedanken nicht, dass ich mich noch mehr zurückziehe und noch unauffälliger werde." Und trotzdem konnte sie auch verstehen, warum dieser Ansatz wichtig ist. Denn nur, wenn du dir den Druck nicht mehr machst, dich einzubringen und dich perfekt zu präsentieren, kannst du dich wirklich auf das Gespräch konzentrieren. Und das ist einer der ersten und wichtigsten Schritte.

Ich schilderte ihr meine Meinung: „Du willst vielleicht etwas sagen, aber du willst nicht den Zwang verspüren, etwas sagen zu müssen. Stimmt das?" Sie nickte. Also machte ich weiter: „Das Ziel ist, die Kontrolle über das Gespräch völlig aufzugeben.

Versuche nicht mehr, etwas zu sagen oder einen Einfall zu haben, sondern konzentriere dich einfach nur auf das Gespräch. Höre wachsam zu. Sei mit voller Aufmerksamkeit dabei. Wenn dir dann automatisch etwas einfällt, kannst du es gerne sagen. Das ist völlig okay. Aber suche nicht im Kopf nach Einfällen oder Dingen, die du sagen kannst."

Das ist der erste Schritt eines langen Prozesses. Echte innere Veränderung geht nicht in ein paar Tagen, sondern dauert einige Wochen oder Monate. Am Anfang wird es dir schwerfallen. Du wirst Angst haben, dass du plötzlich gar nichts mehr sagst und völlig ausgeschlossen bist. Du wirst es trotz der Aufgabe noch vermeiden wollen, nichts zu sagen, und immer mal wieder in die Kontrollgedanken zurückrutschen. Aber mit der Zeit wird es besser. Tanja ist drangeblieben und hat nach ein paar Wochen erste Veränderungen gespürt. Es fiel ihr leichter, mit der Aufmerksamkeit beim Gespräch zu bleiben. Dadurch hatte sie öfter mal spontane Einfälle. Und wir haben zusammen geübt, diese Einfälle einfach auszusprechen, sobald sie kommen. Dadurch wurde sie offener und authentischer. Sie hatte eine andere Wirkung. Sie hat eine erste Veränderung bei den Reaktionen der anderen Menschen gesehen. Sie waren auf einmal ebenfalls offener und interessierter. Das hat ihr noch einmal zusätzliche Motivation gegeben.

Mit der Zeit hat sie diese Herangehensweise immer mehr verinnerlicht. Sie hat nicht mehr versucht, etwas zu sagen. Sie hat einfach zugehört und war mit der Aufmerksamkeit beim Gespräch. Wenn ein Einfall kam, hat sie ihn auch ausgesprochen. Sie hat ihre Gedanken geteilt. Aber ganz wichtig: Sie hat es nicht versucht – sie hat es nur getan, wenn es sich automatisch so ergeben hat.

Je länger sie diese Herangehensweise praktiziert hat, desto lockerer ist sie geworden. Der Druck in Gesprächen wurde immer weniger und war nach ein paar Monaten völlig verschwunden. Sie bemerkte auch, dass es tatsächlich kein Problem mehr war, mal nichts zu sagen. Wenn sie entspannt zuhörte und sich keinen Druck machte, konnte sie auch solche Gespräche genießen. Spannenderweise kam das immer weniger vor. Sie hatte mehr Einfälle als früher, obwohl sie es gar nicht mehr probierte: „Es ist verrückt. Die Gedanken kommen einfach von allein. Ich probiere das gar nicht. Ich bin voll aufs Gespräch konzentriert und plötzlich habe ich einen Gedanken. Einfach so. Ich strenge mich weniger an und es ist trotzdem leichter."

Dieser Weg ist für viele Menschen der beste. Wenn du dieses Buch liest, wahrscheinlich auch für dich. Es kann helfen, wenn du nicht mehr von dir forderst, etwas sagen zu müssen. Stattdessen nimm den Druck heraus und akzeptiere jeden Verlauf des Gesprächs. Lerne, damit umzugehen und dich trotzdem mit dir selbst wohlzufühlen. Als Nächstes sage dir: „Wenn mir etwas einfällt, spreche ich es einfach aus." Zeige dich und deine Meinungen. Insbesondere mit unbekannten Menschen ist das extrem wichtig, um auch genau die Menschen zu finden, die wirklich gut zu dir passen. Je ungefilterter du deine Gedanken ausdrückst, desto offener und authentischer wirst du wahrgenommen. Natürlich passt das nicht allen Menschen, aber auch damit darf man lernen, umzugehen.

Als ich mit Helen über diesen Ansatz geredet habe, war sie sehr skeptisch. Das entsprach nicht ihrer perfektionistischen Denkweise. Sie hat überlegt und mir ihre Bedenken geschildert: „Im Privatleben verstehe ich diesen Ansatz, aber ich denke, auf der Arbeit geht das nicht. Da sollte man ein bisschen besser aufpassen, was man sagt.“ Ihre Sorge war, etwas Falsches zu sagen und dadurch als unwissend dazustehen. Sie wollte sich nicht blamieren. Wenn sie einen „falschen“ Gedanken hatte, sollten die anderen davon wenigstens nichts wissen. Sie sollten den Fehler nicht bemerken. Ich antwortete ihr: „Auch auf der Arbeit musst du nicht alles richtig machen. Wenn du deine Ideen äußerst, werden immer bessere und schlechtere dabei sein. Das ist normal. Zusammen könnt ihr dann herausfinden, welche Ideen wirklich gut sind.“ Aber Helen war nicht überzeugt. Sie wollte nicht schlecht vor den anderen dastehen. Sie dachte, das würde ihr schaden. Ich probierte es noch einmal: „Je offener du dich zeigst, desto weniger Druck hast du. Du fühlst dich freier und bist mit der Aufmerksamkeit mehr beim Thema, weil du nicht mehr darauf achten musst, wie du wirkst. Das wird langfristig dafür sorgen, dass du dich besser entwickelst und bessere Arbeit machst. Sich zu verstecken, hat immer nur kurzfristige Vorteile.“ Ich schaute Helen an und sie wirkte schon ein bisschen überzeugter. Eine Frage hatte sie noch: „Aber was ist, wenn ich dann meinen Job verliere?“ Ein logischer Gedanke. Ich schilderte meinen Ansatz dazu: „Wenn du dich offen zeigst, dann sehen dich die anderen so, wie du wirklich bist. Wenn du dann deinen Job verlierst, bist du vielleicht noch nicht gut genug. Allerdings halte ich das für unwahrscheinlich, weil du dort eingestellt wurdest und wahrscheinlich nicht nur, weil du dir diese Stelle und die nötigen Qualifikationen durch Verstellung erschummelt hast. Wahrscheinlich bist du sowieso gut genug, glaubst aber selbst nicht dran und tust deswegen alles dafür, irgendwie gut genug zu wirken. Dadurch stehst du unter Stress und erbringst schlechtere Leistungen, als du könntest.“ Helen hat es sich damals selbst schwer gemacht. Aufgrund ihres Perfektionismus hat sie sich ungenügend gefühlt. Sie konnte nicht zulassen, dass andere ihre Fehler sehen. Es war unvorstellbar für sie, dass sie akzeptiert wird, wenn sie Fehler macht.

Auch nach unserem Gespräch waren Helens Ängste noch da. Trotzdem hat sie versucht, sich mehr zu zeigen. Sie hat in Kauf genommen, dass andere auch ihre Schattenseiten sehen. Sie hat sich in Besprechungen häufiger geäußert. Wenn sie einen Gedanken hatte, dann hat sie ihn schnellstmöglich angesprochen. Sie wollte offener und direkter kommunizieren. Das hat sie über Wochen geübt. Bis sie irgendwann Auswirkungen gespürt hat. Sie wurde lockerer. Sie hat weniger nachgedacht und war mehr bei der Sache. Sie wurde mehr einbezogen und häufiger um Rat gefragt. Sie hat nicht mehr probiert, alles richtig zu machen, sondern war stärker an einer gemeinsamen Lösung für das Problem interessiert.

Einen Schlüsselmoment gab es nach zwei Monaten, als sie in einem Meeting eine Idee äußerte, bei der sie einen Faktor völlig übersehen hatte. Sie wurde von einer Kollegin darauf hingewiesen und konnte ihren Fehler selbst sofort erkennen. Doch anstatt davon aus der Bahn geworfen zu werden, merkte sie, dass es ihr kaum etwas ausmachte. Sie stimmte ihrer Kollegin zu: „Ah stimmt! Wie könnten wir das besser angehen?", und sie bekam von ihrer Kollegin weiteren guten Input für ihr Projekt. Ein paar Tage später erzählte sie mir: „Ich war danach völlig überrascht von mir selbst. Es war für mich völlig in Ordnung, einen Fehler zu machen. Und es war für mich sogar okay, dass alle davon wissen. Ich habe etwas übersehen. Das passiert halt."

Helen hat einen wichtigen Schritt gemacht. Sie hat sich selbst akzeptiert, obwohl sie nicht alles perfekt gemacht hat. Sie hat sich gezeigt und war glücklich darüber, obwohl nicht alles geklappt hat. Sie konnte mit der Situation umgehen. Es war kein Problem. Dadurch stieg ihr Selbstbewusstsein und sie ging das nächste Meeting noch lockerer an. Sie wusste jetzt, dass nichts Schlimmes passieren kann. Selbst im Falle eines Fehlers könnte sie damit umgehen. Das gab ihr die nötige Sicherheit.

WIE DU GESPRÄCHE AM LAUFEN HÄLTST

Neben deinen Gedanken und Überzeugungen wirken sich auch die reinen Fähigkeiten auf deine Gespräche aus. Es gibt nicht nur den mentalen Ansatz, sondern auch den praktischen Ansatz. Dieser ist besonders wichtig, wenn dein Verhalten zur Gewohnheit in deinem gesamten Leben geworden ist. Wenn du in allen Situationen kurz angebunden bist und wenig erzählst, auch wenn du keine Unsicherheit verspürst, dann musst du die Fähigkeiten zum freien Reden erst einmal entwickeln.

Ein gutes Beispiel dafür ist Robert, der schon immer zurückgezogen war und wenig mit Menschen in den Austausch gegangen ist. Er hat kaum geredet. So wenig wie möglich. Auf ein „Hey, wie gehts dir?“ habe ich ein „Gut“ als Antwort bekommen. Wenn man nachfragte: „Was hast du heute Schönes gemacht?“, kam ein „Nicht viel“ zurück. Dadurch hat er meistens gelangweilt und distanziert gewirkt.

Er war sogar mit Freunden kurz angebunden. Die Antworten waren stets kurz und pragmatisch. Es ging ihm um den reinen Informationsaustausch. Er hat nie offen und viel erzählt. Deswegen haben wir gleich zu Beginn beschlossen, dass er auch einen großen Teil seiner Energie in praktische Übung investieren wird. Wir haben das echte Reden an erste Stelle gestellt. Gespräche führen. Erfahrungen sammeln. So viel wie möglich.

Das Gute ist: Fähigkeiten lassen sich schnell verbessern. In ein paar Wochen kann viel passieren. Wenn man sehr viel übt, sogar in ein paar Tagen.

Robert hat sich vom ersten Moment an reingehängt. Er hat mehrmals wöchentlich an den Gruppentrainings des Coaching-Programms teilgenommen, wo wir zusammen mit den anderen Teilnehmern verschiedenste Übungen gemacht haben. Er hat gezielt daran gearbeitet, nicht mehr kurzsilbig zu antworten, sondern mehr in die Tiefe zu gehen oder weiter auszuholen. Er hat gelernt, wie er ein Gespräch beginnt und es interessant gestaltet. Er hat gelernt, vom Smalltalk zu persönlichen Gesprächen zu wechseln und Menschen besser kennenzulernen. Er hat damals gesagt: „Ich rede in den anderthalb Stunden eines Gruppentrainings mehr, als ich früher in einer Woche geredet habe." Er hat viel mehr praktische Übung gehabt. Er hat Automatismen entwickelt und wusste, wie er sich in verschiedenen Situationen verhalten kann. Dadurch ist er sicherer und lockerer geworden.

An dieser Stelle will ich dir noch eine meiner absoluten Lieblingsübungen mit auf den Weg geben. Ich empfehle sie dir besonders, wenn du in der Lage sein willst, frei zu erzählen und dabei Spaß zu haben, egal wie die anderen Menschen reagieren. Die Übung stärkt deine Lockerheit und Leidenschaft beim Erzählen. Je öfter du sie machst, desto mehr wirst du die Energie dafür aus dir selbst ziehen, und desto weniger wirst du dich an den Reaktionen der Zuhörenden orientieren.

Für diese Übung redest du mit einer anderen Person. Du hast die Rolle des Erzählers und die andere Person ist der Zuhörer. Deine Aufgabe ist, sechs Minuten lang von deinem Leben und dir selbst zu erzählen. Du kannst über deinen Tag reden, über die letzte Woche, deine Arbeit oder was dir sonst so einfällt. Das allein ist schon eine gute Übung. Von sich selbst erzählen zu können, ist nicht für alle selbstverständlich.

Die andere Person ist bei dieser Übung nur Zuhörer. Sie bringt sich nicht ein und stellt keine Fragen. Sie gibt dir Raum zum Erzählen und hört zu. Ihre Aufgabe sieht wie folgt aus: Die ersten drei Minuten hört sie aktiv und bestätigend zu. Sie ist interessiert und gibt dir ein gutes Gefühl. Sie will unbedingt hören, was du zu sagen hast, und ist begeistert von deinen Worten. Nach drei Minuten ändert sie ihr Verhalten. Sie ist auf einmal desinteressiert und hat keine Lust auf dein Gerede. Sie schaut skeptisch und gelangweilt. Ihr Blick geht aus dem Fenster oder aufs Handy. Sie interessiert sich nicht die Bohne für deine Worte.

Diese Übung ist extrem faszinierend. Probiere sie einmal aus und beobachte, was das mit dir macht.

Die meisten Leute berichten Folgendes: Die ersten drei Minuten kann man noch gut erzählen. Man hat Gedanken und kann sie ausdrücken. Alles scheint in Ordnung. Aber sobald die andere Person desinteressiert ist, ändert sich das. Viele verlieren völlig den Faden. Sie wollen nachdenken, aber der Kopf ist irgendwie blockiert. Sie schaffen es nicht, sich auf das Thema zu konzentrieren. Sie werden völlig aus der Bahn geworfen. Sogar wenn man Einfälle hat und weitererzählen kann, braucht man auf einmal viel mehr Energie dafür. Es ist deutlich anstrengender, weil von der zuhörenden Person nichts zurückkommt. Viele schaffen es dann nicht mehr, mit Begeisterung zu reden, sondern wirken von ihren eigenen Worten gelangweilt.

Diese Übung ist aus verschiedenen Gründen wertvoll. Du bekommst ein besseres Gefühl für dich selbst und spürst, was Reaktionen anderer Menschen mit dir machen. Du verstehst dich selbst und soziale Situationen besser. Ebenfalls lernst du, besser damit umzugehen. Mit jedem Mal wirst du lockerer beim Erzählen und die negativen Reaktionen machen dir weniger aus. Du machst deinen Spaß weniger von der anderen Person abhängig. Du wirst selbstbewusster und selbstbestimmter.

Ich finde die Übung so wichtig, dass ich mindestens zweimal im Monat in meinen Gruppentrainings intensiv damit arbeite. Wir wiederholen die Übung mehrfach, tauschen uns aus und lernen einen besseren Umgang damit. Es geht darum, die Energie und Freude aus sich selbst zu ziehen und nicht aus der Bestätigung der Mitmenschen. Wir besprechen zusätzlich auch, wie man im echten Leben mit solchen Situationen umgehen kann. Denn nicht in allen Situationen ist es das Beste, einfach überzeugt weiterzureden. Wenn jemand wirklich nicht zuhört, kann es häufig besser sein, das einfach nett anzusprechen: „Hey, bist du gerade im Kopf woanders?" Vielleicht gibt es wirklich etwas, das die andere Person gerade beschäftigt oder bedrückt. Letztendlich geht es bei der Übung darum, dass du in solchen Situationen weißt, wie du dich verhalten kannst und damit souverän umgehst.

So ist es auch bei allen anderen Übungen. Egal ob es um Smalltalk, Schlagfertigkeit, Vorträge oder etwas ganz anderes geht. Wenn du wenig Erfahrung damit hast, brauchst du praktische Übung. Denn praktische Übung führt zuverlässig dazu, dass du mehr Sicherheit bekommst, besser reden kannst und mehr Spaß dabei empfindest.

ERWECKE DEIN GESICHT ZUM LEBEN

Kinder sind faszinierend. Auf viele Arten. Ihre Kommunikation ist völlig intuitiv und maximal ausdrucksstark. Wenn ich einen Tag mit meinem zweijährigen Sohn verbringe, sehe ich in seinem Gesicht ein Wechselbad der Gefühle. Begeisterung, Verzweiflung, Freude, Trauer, Stolz, Angst, Überraschung und noch viel mehr. Alles ist dabei. Bei niemandem kann man die Gefühle besser vom Gesicht ablesen als bei Kindern. Sie sind frei und unbekümmert. Ohne nachzudenken, drücken sie aus, was sich in ihnen abspielt. Es wird noch nichts unterdrückt. Es wird alles zugelassen.

Wenn wir älter werden, ändert sich das. Unser Verhalten wird kontrollierter. Wir können besser beeinflussen, wie wir uns geben. Wir können unsere Impulse besser kontrollieren. Und wir versuchen, das für uns zu nutzen. Wir wollen Schmerz vermeiden. Schlechte Erfahrungen sollen minimiert werden. Wir werden vorsichtiger. Wir werden noch kontrollierter. Die Kommunikation verändert sich. Wir unterdrücken vieles. Emotionen sind unkontrollierbar, deswegen verbergen wir sie. Wir wollen unangreifbar werden. Dabei kommt es häufig vor, dass die Kommunikation reduziert wird. Sie wird ausdruckslos.

Diesen Prozess erleben viele Menschen. Insbesondere Menschen mit sozialen Ängsten reduzieren ihre Kommunikation sehr stark. Man erkennt das in den ersten Sekunden. Manche reden gelangweilt und ohne Leidenschaft. Andere zeigen in ihrer Mimik keine Regung. Das Gesicht ist völlig leblos. In beiden Fällen wollen sie sich verstecken. Sie wollen ihre Emotionen vor der Außenwelt verbergen. Sie wollen geheim halten, was in ihnen vor sich geht. Ich kenne das selbst, wenn ich mit Anspannung in eine Situation hineingehe. Ich merke, wie ich nervös werde, und es wird automatisch schwerer für mich, mich zu zeigen. Meine Stimme ist plötzlich belegt und ich spüre Anspannung in meinem Gesicht. Ich bin kaum mehr in der Lage, meine Gefühle durch meinen Körper auszudrücken. Das ist normal. Je größer die Angst, desto reduzierter die Kommunikation. Wenn die Angst zu groß wird, erstarrt man völlig. Dann ist es gar nicht mehr möglich, überhaupt etwas zu sagen.

Das Gesicht ist bezüglich unserer Emotionen unser wichtigstes Kommunikationswerkzeug. Nirgendwo erkennt man die Gefühle besser als dort. Nicht umsonst sagt man: Die Augen sind das Tor zur Seele. Mit nur einem Blick in die Augen kannst du einen Menschen wirklich wahrnehmen. Seinen Zustand nachempfinden.

Deswegen haben es Menschen mit einer versteinerten Mimik häufig schwer, Verbindungen zu anderen Menschen aufzubauen. Sie verstecken sich hinter einem starren Gesicht. Sie zeigen ihre Empfindungen nicht und lassen niemanden an sich heran. Das Gesicht wirkt ausdruckslos. Keine emotionale Regung. Niemand kann sehen, wie es ihnen wirklich geht.

Das hat den Vorteil, dass man kaum verletzt werden kann. Du bist in Sicherheit, weil niemand deine Ängste und Unsicherheiten sehen kann. Niemand kann dir etwas anhaben. Bei Menschen, die Erfahrungen mit Mobbing oder Ausgrenzung gemacht haben, kommt das besonders häufig vor. Sie grenzen sich ab, um nicht mehr abgelehnt werden zu können. Sie bauen eine Mauer auf, um sich dahinter verstecken zu können.

Allerdings hat das einen hohen Preis. Du hältst andere Menschen dadurch permanent auf Abstand. Du lässt niemanden an dich heran und dadurch bleibst du allein. Du hast einige Freunde und Bekannte, aber niemand kennt dich wirklich. Du hast einen Abwehrmechanismus aufgebaut, der dich beschützen soll. Aber er beschützt dich nicht nur, er isoliert dich auch. Du merkst das daran, dass es für dich unmöglich ist, echte Nähe entstehen zu lassen und tiefe Verbindungen aufzubauen.

Ich merke das in Erstgesprächen nach ein paar Minuten daran, dass ich Schwierigkeiten habe, die andere Person einzuschätzen. Ich kann nicht genau sagen, wie die andere Person dazu steht, was ich sage. Ich sehe in ihrem Gesicht keine Reaktion und das gibt mir ein unsicheres Gefühl. Selbst wenn ich nachfrage, und die andere Person sagt beispielsweise: „Das klingt super“, bleibt bei mir ein ungutes Gefühl. Ich kann ihre Emotionen nicht spüren, weil sie nur durch Worte ausgedrückt werden. Und Worte sind nicht emotional, sondern rational. Die Mimik ist leblos. Der Blick ist immer gleich. Wenn ich etwas erzähle, nehme ich sie als distanziert wahr und weiß nicht, was sie von mir denken. Dadurch fehlt uns Vertrauen und eine echte Verbindung.

In Alltagsgesprächen führt eine versteinerte Mimik dazu, dass du anderen Menschen kein gutes Gefühl geben kannst. Sie wissen nicht, ob du sie verstehst oder insgeheim verurteilst. Deswegen bleiben sie ebenfalls auf Abstand. Genauso wie du. Sie spüren, dass du distanziert bleibst, und tun es ebenfalls. So kannst du zwar Smalltalk führen, aber du wirst nur selten jemanden wirklich kennenlernen und über etwas Unverbindliches hinauskommen.

Emilia hatte genau damit Schwierigkeiten. Sie war ein schüchterner Mensch und hatte als Kind ein paar schlechte Erfahrungen gemacht. Deswegen hat sie ihre Gefühle immer mehr versteckt. Unter Menschen war ihr Gesicht ausdruckslos. Sie hat keine Reaktionen gezeigt und die anderen wussten nicht, woran sie waren. Deswegen wurde Emilia häufig falsch eingeschätzt. Die anderen nahmen sie als ablehnend wahr. Sie dachten, dass Emilia sich für etwas Besseres hält. Nicht selten wurde sie über die Jahre als arrogant bezeichnet.

Für Emilia war es schwer, damit umzugehen, weil sie sich selbst ganz anders sah. Sie wollte weder ablehnend noch arrogant sein. Sie wollte freundlich auf andere Menschen eingehen und ihnen ein gutes Gefühl geben, aber sie wusste nicht, wie. Dafür haben wir im Coaching eine Lösung gesucht.

Sie setzte damals an mehreren Punkten gleichzeitig an. Zum einen versuchte sie, sich offener und verletzlicher zu zeigen. Die Mauer ein kleines bisschen einzureißen und Kontaktversuche zuzulassen. Sie versuchte, sich so zu zeigen, wie sie war – mit all ihren Gedanken, Schwächen und Ängsten. Das war das Kernthema ihrer Herausforderungen. Zum anderen arbeitete sie an ihrem Auftreten. Und dabei konzentrierten wir uns beinahe ausschließlich auf die Mimik. Sie probierte zunächst einiges für sich selbst und mit den Teilnehmern im Gruppentraining aus. Sie arbeitete daran, ihre emotionalen Reaktionen wahrzunehmen und authentisch auszudrücken.

Ihre Lieblingsübung war die Mimik-Film-Übung. Diese gab ich ihr nach ein paar Wochen mit und sie praktizierte sie für die komplette restliche Zeit des Coachings jeden Abend. Bei der Übung geht es darum, einen Film anzuschauen und einen Charakter auszuwählen, dessen Mimik man spiegelt. Man schaut den Film und geht dabei emotional mit dem Gesicht mit. Man macht den Charakter nach und drückt die gleichen Emotionen aus. Die Übung ist aus zwei Gründen so gut. Erstens: Schauspieler sind gute Vorbilder, weil sie sich intensiv mit ihrer Wirkung auseinandersetzen. Sie haben Jahre an ihrer Mimik gearbeitet. Häufig mit Coaches oder Ausbildern zusammen. Sie wissen genau, wie sie ihr Gesicht einsetzen, um eine ausdrucksstarke Wirkung zu erzielen. Zweitens: Filme sind durch Musik und Soundeffekte emotional aufgemotzt. Du wirst die Emotionen nicht nur mit deinem Gesicht ausdrücken, sondern durch den Film auch spüren. Dadurch verbindest du den Gesichtsausdruck automatisch mit dem passenden Gefühl. Emilia hat sich diese Übung zu Herzen genommen und täglich umgesetzt. Sie hat es sich jeden Abend gemütlich gemacht und eine Folge ihrer Lieblingsserie geguckt. Dabei ist sie mit ihrer Mimik emotional mitgegangen und hat viel gelernt. Zu Beginn hat sie die Serie auch häufiger angehalten und ein bisschen rumprobiert. Mit der Zeit hat sie ihre Mimik bewusster wahrgenommen und eingesetzt. Nicht nur vor dem Bildschirm, auch im Alltag. Sie hat gemerkt, dass ihre Mimik auch in Gesprächen ein bisschen lockerer und lebendiger war. Sie hat beim Zuhören durch ihr Gesicht signalisiert, was gerade in ihr vor sich geht. Sie hat sich selbst und ihre Reaktionen mehr gezeigt.

Und wie sollte es anders sein: Natürlich haben ihre Mitmenschen anders auf sie reagiert. Kommunikation ist da immer ein schönes Wechselspiel. Wenn sich bei dir etwas verändert, dann verändert sich auch bei deinem Gegenüber etwas. So war es auch bei Emilia. Je offener und nahbarer sie sich gezeigt hat, desto offener waren auch ihre Mitmenschen. Sie waren viel freundlicher und interessierter. Es wurde immer leichter für Emilia, sich in eine Gruppe zu integrieren und neue Menschen kennenzulernen. Sie musste nicht einmal viel sagen, um akzeptiert zu werden. Durch ihre neue, offene Art wirkte sie automatisch viel sympathischer als früher.

Emilia war immer noch die gleiche Person. Im Kern hatte sie sich nicht verändert. Aber ihre Ausdrucksweise war eine andere. So ist das manchmal. Wenn du dir destruktive Muster angeeignet hast, um dich zu schützen, kann es wichtig sein, diese zu lösen, um für neue Erfahrungen bereit zu sein. Das gilt zum einen für die Mimik, aber definitiv auch für die Stimme, mit der wir jetzt weitermachen werden.

BEFREIE DEINE STIMME

Die Stimme ist einzigartig. Wie der Fingerabdruck ist sie völlig individuell. Es gibt niemanden auf der Welt mit der gleichen Stimme wie du. Du kannst an ihr eindeutig identifiziert werden. Der Klang und die Sprechweise deiner Stimme sind einmalig.

Deine Stimme verrät auch eine Menge über dich. Sie ist ein weiterer Träger von Emotionen. Wenn du Angst hast, dann zittert die Stimme. Wenn du entspannt bist, dann klingt sie sicher und ruhig. Bei Aufregung sprichst du schneller. Bei Müdigkeit langsamer. Die Stimme hat häufig mehr Einfluss darauf, wie spannend deine Beiträge wirken als die eigentlichen Worte.

Dabei geht es weniger um die individuellen Eigenschaften deiner Stimme, sondern mehr darum, *wie* du sie einsetzt. Wenn du locker und lebendig sprichst, wird das andere Menschen anstecken. Wenn man eine fröhliche Energie hinter deinen

Worten spürt, wird man selbst ein besseres Gefühl bekommen.

Leider ist bei vielen Menschen mit sozialen Ängsten auch die Stimmvielfalt auf ein Minimum reduziert. Sie klingen monoton und emotionslos. Bei einigen klingt es so, als würden sie selbst langweilig finden, was sie gerade erzählen.

Ein Musterbeispiel dafür ist Michael. Er hat so gewirkt, als wäre er es gewohnt, dass ihm niemand zuhört. Er hat sich selbst als völlig unwichtig dargestellt. Die Stimme war eintönig. Er hat lustlos geredet. Es war keine Energie da. Zwischendurch hat er regelmäßig geseufzt oder mit den Schultern gezuckt. Alles hat gezeigt: Ich bin gelangweilt und empfinde die Situation als unwichtig.

Das ist auch ein Schutzmechanismus. Durch die fehlenden Emotionen lässt man die Situation nicht an sich heran. Man lässt sich gar nicht erst darauf ein und kann deswegen auch nicht enttäuscht werden. Das gibt Sicherheit. Das Problem ist das Gleiche wie bei der Mimik: Wenn man Sicherheit durch Abgrenzung gewinnt, isoliert man sich dadurch selbst. Man lässt niemanden an sich heran und bleibt allein.

Neben der Emotionslosigkeit gibt es bei der Stimme noch ein paar weitere Probleme. Manche Menschen reden durch die Anspannung so schnell, dass sie kaum verstanden werden. Das wirkt unsicher und erschwert die Kommunikation. Andere Menschen sprechen durch die Unsicherheit so leise, dass sie niemand versteht. Das wird besonders in Gruppen und lauten Umgebungen zum Problem. Dort werden sie weniger wahrgenommen, und stattdessen unterbrochen und links liegengelassen. Wieder andere gehen am Ende ihrer Sätze mit der Stimme nach oben. So wie es viele Menschen bei Fragen tun. Allerdings tun sie es auch bei Aussagen. Dadurch wirken sie sehr bestätigungssuchend. Es wirkt, als würden sie fragen, ob ihre Aussage okay ist. Das schadet besonders der Autorität und Überzeugungskraft.

Es gibt eine ganze Bandbreite an Schwierigkeiten mit der Stimme und entsprechenden Lösungen. Jedes Problem hat seine eigenen Herausforderungen. Um schnellstmöglich voranzukommen, muss man an verschiedenen Punkten ansetzen.

Aber das Ziel ist immer gleich. Denn es gibt ein paar Eigenschaften, die eine gute Stimme ausmachen. Diese geben eine Richtung vor und daran solltest du dich orientieren, wenn du auf eigene Faust an deiner Stimme arbeiten willst.

Eine gute Stimme passt zu deinen Worten und zieht andere Menschen in deinen Bann. Sie ist lebendig und drückt alle Emotionen aus, die du in diesem Moment empfindest. Sie ist abwechslungsreich und dadurch interessant. Es gibt drei Faktoren, die über die Wirkung deiner Stimme entscheiden:

1. Lautstärke
2. Tempo
3. Melodie

Bei der Lautstärke empfehle ich den meisten Menschen, lauter zu sprechen. Insbesondere wenn eine leise Stimme der Verlockung dient, sich zu verstecken, kann eine kräftige Stimme bereits etwas verändern. Du solltest mindestens so laut sprechen, dass alle Menschen in der Unterhaltung dich problemlos verstehen. Zu Beginn fühlt es sich manchmal viel zu laut an, wenn man lauter spricht, als man es gewohnt ist. Das ist normal. Den anderen wird es nicht auffallen, und meistens ist es trotzdem noch leiser als der Durchschnitt. Wenn du kräftig sprechen kannst, kommt irgendwann der Punkt, an dem du auch eine leise Stimme für dich nutzen kannst. Dann kannst du die Lautstärke senken, um die Spannung zu erhöhen. Du kannst die anderen so dazu zwingen, aufmerksamer zuzuhören. Und du kannst die Abwechslung beim Erzählen erhöhen, wenn du mal lauter und mal leiser sprichst.

Beim Tempo verhält es sich ähnlich wie bei der Lautstärke. Zu Beginn empfehle ich den meisten Menschen, langsamer zu sprechen. Dadurch werden sie besser verstanden und müssen die Worte stärker betonen. Das wirkt selbstbewusster und überzeugender. Auch hier kann es sich extrem unangenehm anfühlen, wenn man langsamer spricht, als man es gewohnt ist. Das gehört dazu. Mit genug Wiederholungen wird es immer natürlicher und authentischer. Auch bei dem Tempo kann es mehr Abwechslung hineinbringen, wenn man mal schneller und mal langsamer spricht. Vor einer wichtigen Aussage kann man auch mal eine kleine Pause machen. Das macht die Erzählweise interessanter und andere Menschen hören aufmerksamer zu.

Bei der Melodie geht es darum, wie hoch oder tief du sprichst. Hier gibt es vor allem eine Sache, die wichtig ist: Du solltest am Ende von Aussagen mit der Stimme nach unten gehen. Du solltest das letzte Wort bzw. die letzte Silbe tiefer sprechen als die vorherigen. Das verleiht deiner Aussage Überzeugungskraft. Es wirkt sicher und souverän. Dafür brauchst du keine tiefe Stimme, sondern es geht nur darum, dass die Tonhöhe von oben nach unten geht. Ansonsten ist es auch bei der Melodie so, dass Abwechslung für einen interessanteren Klang sorgt. Beim Sprechen ein paar Höhen und Tiefen einzubringen, kann ein Publikum binden, solange es authentisch wirkt.

Meine Empfehlung ist: Probiere es aus, lebendig und mitreißend zu sprechen. Achte mal auf deine Lautstärke, mal auf dein Tempo und mal auf deine Melodie. Später kannst du es dann kombinieren. Am besten geht das natürlich in einem geschützten Rahmen mit gezielten Kommunikationsübungen, aber auch allein kannst du einiges tun. Schnapp dir zum Beispiel einfach einmal ein Buch und übe deine Stimme. Dabei musst du nicht über den Inhalt nachdenken, sondern kannst dich voll auf deine Sprechweise konzentrieren. Alternativ kannst du auch eine Geschichte erzählen und dich dabei mit deinem Smartphone aufnehmen. Da hast du den Vorteil, dass du es im Anschluss anschauen und auswerten kannst. Beim Üben darfst du übrigens auch gerne übertreiben. Das fühlt sich vielleicht ein bisschen peinlich an, aber dabei lernt man viel mehr, als wenn man zu vorsichtig ist.

Ich setze im Gruppentraining gerne auf Übungen, bei denen man bewusst Emotionen ausdrücken muss. Die Emotionen könnten zum Beispiel überzeugt, begeistert, genervt und überrascht sein. Dann gibt es verschiedene Aussagen, die in diesen Emotionen ausgedrückt werden müssen. Die Übung findet zu zweit statt und die erste Person versucht, zum Beispiel die Aussage „Das stimmt" mal überzeugt, mal begeistert, mal genervt und mal überrascht zu sagen. Die zweite Person probiert nach jedem Versuch zu erraten, um welche Emotion es sich gehandelt hat. So kann man sich zu zweit Feedback geben und üben, abwechslungsreicher und ausdrucksstärker zu sprechen.

Meine Erfahrung ist: Je mehr du dich übst, desto lockerer wirst du und desto freier kannst du deine Stimme entfalten. Dann fängt es sogar an, Spaß zu machen. Dann setzt du deine Stimme gerne ein und hast Freude am Erzählen.

GESPRÄCHE SIND EIN MYSTERIUM

Du kannst niemals alles wissen. Auch wenn du feste Erwartungen hast, was in einem Gespräch passieren wird, kannst du in jedem Moment überrascht werden. Andere Menschen und Gesprächssituationen können nicht zuverlässig kontrolliert werden.

Vor einiger Zeit habe ich einmal eine E-Mail bekommen: „Hallo Gustav, wenn ich unter Menschen bin, bekomme ich nach kurzer Zeit ein schlechtes Gefühl. Ich denke, dass die anderen mich nicht mögen, und dann haue ich bei erster Gelegenheit ab, weil ich mich niemandem aufdrängen will …"

Kannst du das nachvollziehen? Ich kenne dieses Verhalten von vielen Menschen, mit denen ich gearbeitet habe. Sie haben bestimmte

Überzeugungen und Erwartungen an das Gespräch und verwirklichen diese jedes Mal aufs Neue. Sie denken: „Mit mir und anderen Menschen – das wird sowieso nichts." Und dann verlassen sie nach zwei Minuten das Gespräch und fühlen sich in ihrer Überzeugung bestätigt. Sie denken, dass sie wissen, wie sich das Gespräch entwickeln wird und gehen dem Ganzen dann lieber aus dem Weg. Sie flüchten jedes Mal aufs Neue und lernen niemanden besser kennen.

Als Erstes kommt mir dabei Thomas in Erinnerung. Er hat sich selbst als „alten Pessimisten" bezeichnet. Egal wie das Gespräch lief, er hat immer schwarzgesehen. Er ist zu seinem eigenen Schutz vom Schlechtesten ausgegangen. In dieser Rolle hat er sich sicher gefühlt und konnte wenigstens nicht enttäuscht werden.

Einmal waren wir in Berlin zusammen auf der Straße und haben ein paar Übungen gemacht. Er ist auf Menschen zugegangen und hat ein kleines Gespräch angefangen. Er hat sich dabei sehr gut angestellt. In einer der ersten Situationen lief das Gespräch ein paar Minuten, bis er es plötzlich abgebrochen hat und zu mir gekommen ist. Sein

Grund: „Die andere Person mochte mich nicht." Davon war er felsenfest überzeugt.

Zum Glück war ich dabei gewesen und hatte gut aufgepasst, sonst hätte ich ihm vielleicht geglaubt. Denn die Realität sah anders aus. Die andere Person hatte ihn aufmerksam angeschaut und war eindeutig interessiert gewesen. Als es kurz leise geworden war, hatte sie eine Frage gestellt und von sich aus das Gespräch fortgesetzt. Ein klares Zeichen für Interesse. Und trotzdem hatte er es anders erlebt. Für mich war das kaum zu glauben. Deswegen haben wir damals eine Abmachung getroffen. Wir haben festgelegt, dass er als Experiment keine Gespräche mehr beenden darf. Er muss das voll und ganz den anderen überlassen.

Und jetzt kommt es: Die Auswirkungen waren der Wahnsinn. Die Gespräche liefen viel länger, er hat Menschen in seinem Umfeld besser kennengelernt und es haben sich neue Bekanntschaften ergeben. Jeden Tag gab es ein paar Situationen, in denen er den Drang verspürte, wegzugehen, aber er blieb dabei und nicht selten nahm das Gespräch wieder Fahrt auf. Es gab einige Situationen, in denen er völlig überrascht wurde, wohin sich das Gespräch noch entwickelte. Es wunderte ihn auch, wie lange manche Menschen warteten, bis sie ein Gespräch verließen. Er stand da, sagte nichts und wollte einfach nur weg – und erst als er selbst schon zehnmal abgehauen wäre, haben sie ganz entspannt gesagt: „Ich muss dann mal weiter" und haben das Gespräch freundlich beendet.

Mein Tipp für dich: Solange Menschen mit dir reden, haben sie Interesse. Davon würde ich immer ausgehen. Wenn sie nicht reden wollen, können sie jederzeit weggehen. Nimm ihnen diese Entscheidung nicht ab. Wenn du gelegentlich abgelehnt wirst, dann ist das normal und in Ordnung, aber lehne dich nicht permanent selbst ab. Geh nicht weg, weil du denkst „Die mögen mich nicht", oder weil das Gespräch kurz stockt. Dieser Ansatz kann dein Leben verändern. Probiere ihn aus, du wirst dir selbst später dankbar dafür sein.

Gespräche sind ein Mysterium. Sie sind unvorhersehbar. Du interpretierst sie entsprechend deiner Erfahrungen, aber das muss nichts mit der Realität zu tun haben. Es kann auch ganz anders kommen, als du denkst. Behandle deine Gedanken nicht wie die absolute Wahrheit. Sei ihnen gegenüber skeptisch. Geh trotzdem in die Situation hinein und prüfe deine Erwartungen. Wenn du gelegentlich abgelehnt wirst, kannst du lernen, damit umzugehen. Wenn du schon vorher von Ablehnung ausgehst, wirst du dich immer mehr zurückziehen. Deswegen: Zeig dich und lerne, mit den Reaktionen umzugehen. Mit jedem Mal wirst du daran wachsen und sicherer werden. Bis du dir kaum mehr Gedanken machst und dich in den meisten Situationen pudelwohl fühlst.

UNSERE SELBSTZWEIFEL VERSPERREN UNS DEN WEG

Wenn wir in Aktion kommen würden, statt zu denken, dann wären wir alle schon am Ziel. Wenn wir uns herausfordern und täglich Dinge ausprobieren würden, dann würden wir uns stets weiterentwickeln und extrem viel lernen. Aber so ticken die meisten Menschen nicht. Sie brauchen erst Sicherheit, um handeln zu können. Sie müssen erst alles durchdenken, um einen Schritt zu wagen. Sie grübeln viel und lassen sich dadurch hemmen. Manche zweifeln sogar daran, dass sie es überhaupt schaffen können. Sie denken: „Vielleicht bin ich anders als die anderen. Bestimmt klappt das bei mir nicht.“ Sie können nicht daran glauben, dass es anders geht, weil sie seit Jahren in ihren gewohnten Mustern leben.

Sie haben Angst davor, Energie und Bequemlichkeit zu opfern, um am Ende doch nicht voranzukommen. Eine neue Erfahrung zu sammeln, klingt erst einmal spannend, aber wer garantiert den Erfolg? Wenn letztendlich nichts dabei herauskommt, hätten sie doch lieber vor dem Fernseher gesessen und ihre Lieblingsserie geschaut. Außerdem haben sie Angst davor, einen weiteren Rückschlag zu erleben. Sie haben Angst davor, dass ihr Selbstbild noch tiefer in den Keller stürzt, wenn sie es versuchen und wieder nicht schaffen. Sie denken: „Was würde das über mich aussagen, wenn ich der einzige Mensch bin, der das nicht hinbekommt?"

Es sind genau diese Gedanken, die dir den Weg versperren. Sie hemmen dich und rauben dir Energie. Sie halten dich in der Passivität und bewahren dein Problem.

Die folgenden Gründe sind die häufigsten Gedanken, die Menschen daran hindern, etwas zu tun. Sie erklären sich selbst damit, warum sie es sowieso nicht schaffen können. Es gibt noch deutlich mehr Gründe, aber diese drei habe ich in den letzten Jahren am häufigsten gehört.

ICH BIN ZU INTROVERTIERT

Vor einem halben Jahr hat mir jemand im Erstgespräch erzählt: „Mit meiner Persönlichkeit geht das nicht. Um Freunde kennenzulernen und eine Partnerin zu finden, müsste ich extrovertiert sein. Introvertierte Menschen kommen leider nicht gut an.“ Das war sein Grund, warum er nicht aktiv wurde. Diese Geschichte hatte er sich seit Jahren erzählt. Er war felsenfest überzeugt davon. Sein Vorteil durch diese Überzeugung: Er konnte sich bequem zurücklehnen. Er musste nichts tun. Es war ohnehin nicht möglich für ihn, etwas zu verändern. Er hatte einfach Pech gehabt.

Zum Glück entspricht diese Überzeugung nicht der Wahrheit, sonst wäre es unmöglich für mich, gut anzukommen. Ich bin selbst introvertiert und sehr glücklich damit. Denn eine introvertierte Persönlichkeit hat nicht nur schlechte, sondern auch viele positive Seiten.

Egal wie introvertiert du bist, das hindert dich nicht daran, gute Gespräche zu führen und tolle Menschen in deinem Leben zu haben. Ich bin immer noch ein ruhiger Mensch und bin trotzdem mit meinen Freunden, meiner Partnerin und meinem Sozialleben zufrieden. Ich habe gerne Zeit für mich allein. Ich spaziere gerne durch einen Park und verliere mich dabei in meinen Gedanken. Ich brauche solche Momente, um mich zu erholen und den Akku aufzuladen. Ich kann nicht permanent unter Menschen sein. Das geht für mich nicht. Ich brauche auch Stille und Ruhe. Das hat viele Vorteile. Einen ganzen Tag lang keinen einzigen Menschen zu sehen – für mich kein Problem. Das hilft mir, wenn ich in Ruhe arbeiten und etwas schaffen will. In den letzten Wochen, beim Schreiben dieses Buches, war das ein großes Geschenk.

Aber: Ich freue mich auch über Austausch. Ich freue mich, wenn ich nach Hause komme und meine Partnerin oder meinen kleinen Sohn in den Arm nehme. Wie alle Menschen brauche ich Kontakt und Nähe. Das sind menschliche Grundbedürfnisse. Und diese Bedürfnisse kann man erfüllen, egal ob man introvertiert oder extrovertiert ist. Man muss den Persönlichkeitstyp nicht verändern. Man kann es einfach so angehen, dass es zu einem selbst und der eigenen Persönlichkeit passt. Und das würde ich auch empfehlen, denn nur so wird man dauerhaft glücklich damit sein.

ICH HABE SCHON ALLES VERSUCHT

Manche Menschen berichten mir, dass sie schon alles versucht hätten. Sie haben viel ausprobiert und glauben nicht mehr daran, dass sie es schaffen können. Marta hat mir erzählt: „Ich versuche es seit zwanzig Jahren. Ich habe einen Schrank voller Bücher, habe es immer wieder probiert, aber es geht nicht …“ Sie hat sich in den letzten Jahrzehnten viele Male vorgenommen, etwas zu verändern, und ist dabei immer gescheitert. Im Laufe dieser Versuche hat sie die Überzeugung entwickelt, dass es nichts gibt, was ihr helfen kann.

Aber wie viel hat sie wirklich probiert? Bei genauerem Hinschauen hat sich herausgestellt, dass sie noch gar nicht so viel getan hat, wie sie dachte. Sie hat sich seit zwanzig Jahren darüber Gedanken gemacht, Bücher gelesen und noch mehr Gedanken gemacht. Aber in die Umsetzung ist sie noch nicht gekommen. Sie hat sich zwar vorgenommen: „Jetzt mache ich mal dies!“, oder „Jetzt mache ich mal das!“, aber wenn die Situation gekommen war, wusste sie nicht genau, wie sie es anstellen sollte, und hat es sein lassen. Im Anschluss hat sie das in ihrem Kopf als Fehlschlag abgestempelt. Obwohl sie es nicht einmal versucht hat. Mit der Zeit hat sich in ihrem Kopf der Gedanke geformt: „Ich habe so viel versucht, aber ich kann das einfach nicht.“ In Wahrheit hat sie kaum etwas probiert. Sie hat viel nachgedacht und sich viel vorgenommen, aber wenig getan.

Meine Erfahrung ist: Ich habe noch niemanden gesehen, der wirklich viel versucht und keine Fortschritte gemacht hat. Das geht nicht. Wenn du aktiv wirst, kommst du auch voran. Natürlich kann es langsamer oder schneller gehen, je nachdem, ob du die richtigen Schritte machst und weißt, was du tust, aber vorankommen wirst du in jedem Fall. Das ist unsere Natur. Wenn du bis heute noch nie etwas gekocht hast, dich aber ab morgen einmal täglich an den Herd stellst, dann wirst du am Ende des Jahres ohne Mühe bessere und leckerere Speisen zubereiten können als heute. So funktionieren wir. Deswegen ist das Wichtigste, dass man wirklich in Aktion kommt und sich aktiv ausprobiert. Dann sammelt man neue Erfahrungen, entwickelt sich weiter und kommt seinem Ziel näher.

ICH BIN ZU ALT

Manche denken, dass der Zug bereits abgefahren sei. Sie denken, dass es jetzt nichts mehr werden könnte, weil sie zu lange gewartet haben. Zugegeben: Wenn du neunzig Jahre alt bist und das Haus nicht mehr allein verlassen kannst, kann das zum Problem werden. Dann wird es eine Herausforderung, dafür Lösungen zu finden. Doch um ehrlich zu sein, würde ich die Lage nicht einmal dann als hoffnungslos einstufen.

In allen anderen Fällen, wenn du selbstständig am Leben teilnehmen kannst, kann das Alter keine Ausrede sein. Erst letztes Jahr ist Claudia mit 73 Jahren zu mir ins Coaching gekommen, weil ihr Mann vor zwei Jahren verstorben war und sie gemerkt hat, dass sie sich immer mehr zurückzieht. Sie wollte nicht die nächsten Jahrzehnte allein und isoliert verbringen. Sie wollte noch einmal hinausgehen und etwas erleben. Sie wollte sich noch einmal trauen, unter Menschen zu gehen und sich zu zeigen. Und genau das hat sie getan. Sie hat einen Schritt nach dem anderen gemacht und ist dabei mutiger geworden. Sie wurde lockerer dabei, mit Menschen in Kontakt zu treten. Sie fand wieder mehr Spaß dabei. So hat sie nach ein paar Monaten eine gute Freundin kennengelernt, mit der sie täglich spazieren gegangen ist, und fand sogar noch einmal einen Partner, mit dem sie ein neues Kapitel ihres Lebens angefangen hat.

Natürlich ist es ein bisschen leichter, Muster zu verändern, wenn man noch jünger ist. Aber es ist in jedem Alter möglich. Claudia ist der Beweis dafür. Ich habe großen Respekt davor, auch wenn man schon älter ist, nicht einfach zu resignieren, sondern an sich zu arbeiten. Wenn man das tut, dann kommt man voran und dann wird es sich auch lohnen.

HÖLZERN DIE THEORIE, GOLDEN DIE PRAXIS

Wir haben es im vorherigen Kapitel schon angeschnitten: Du brauchst Übung, um zu lernen. Du musst dich ausprobieren und neue Erfahrungen sammeln, um dich weiterzuentwickeln. Du musst spüren, wie sich neue Situationen anfühlen. Du musst neue Verhaltensmuster automatisieren.

Diese Dinge erreichst du nur beim Tun. Nicht beim Lesen und nicht beim Denken. Ein gutes Buch kann dir Anreize geben und neue Ideen mit dir teilen, aber wertvoll wird es erst, wenn du diese Dinge im echten Leben umsetzt. Dann kann sich dein Leben verändern. Aber nicht durch das Buch, sondern durch deine Umsetzung. Durch dich. Es ist nicht die Leistung des Buches, sondern deine Leistung. Entscheidend ist, was du daraus machst. Für jede Person, die das Buch liest und wirklich etwas verändert, gibt es zehn weitere, die das

Buch lesen, kurz motiviert sind und dann den Rest ihres Lebens genauso weitermachen wie zuvor. So ist das mit Büchern. Nicht einmal zehn Prozent aller Bücher werden zu Ende gelesen. Das ist die bittere Wahrheit. Wenn du bis zu dieser Stelle gekommen bist, hast du es schon weiter geschafft als der Großteil der Leser. Du bist drangeblieben, statt nach ein paar Seiten abzubrechen. Dafür Respekt! Jetzt geh auch den nächsten Schritt und komm ins Handeln. Dann beginnt eine echte Entwicklung.

Du brauchst Möglichkeiten, um frei zu reden und dich auszuprobieren. Du musst dich herausfordern und neue Erfahrungen sammeln können. Das eigene Umfeld ist dafür leider ein undankbares Übungsfeld. Die Menschen haben dort bereits feste Erwartungen an dich. Sie haben Vorstellungen davon, wie du bist und wie du dich verhältst. Und ihre Erwartungen werden das entsprechende Verhalten fördern. Wenn du bis heute eher leise und zurückhaltend warst, werden sie davon ausgehen, dass du dich auch weiterhin so verhältst. Und sie werden dich dementsprechend behandeln. Das macht es dir schwer, etwas anders zu machen. Wenn sie dich über Jahre kennen, wird sich ihre Meinung nicht so schnell ändern. Und das wollen sie meistens nicht einmal. Menschen mögen Sicherheit und legen Wert auf ein gleichbleibendes Umfeld. Du wirst bemerken, dass diese Erwartungen einen starken Einfluss haben. Insbesondere in Gruppen ist ihre Kraft groß. Nicht umsonst treffen sich Schulfreunde manchmal nach zwanzig Jahren wieder und verhalten sich genauso wie früher. Sie haben sich völlig verändert, aber in der alten Konstellation fallen sie sofort in die alten Muster und Rollen zurück. Das muss kein Problem sein, es kann sogar lustig sein, aber es zeigt, wie stark und stabil Erwartungen in sozialen Kontexten sind.

Wenn du nur im eigenen Umfeld ansetzt, musst du extrem viel Kraft investieren und lange warten, bis du erste Veränderungen spürst. Du wirst häufig das Gefühl haben, dass sich nichts tut und dass du nichts dazu lernst. Leichter wird es, wenn du dich in einem neuen Umfeld ausprobierst, wenn du Möglichkeiten findest, mit neuen Menschen in Kontakt zu kommen. Dort kannst du dich praktisch üben und ein Fehlschlag ist weniger schlimm. Du kannst dich ausprobieren und entwickeln. Du kannst handeln, anstatt nur zu denken.

Aus diesem Grund lege ich in meinen Coachings so einen großen Wert auf die Gruppentrainings. Mir ist wichtig, dass nicht nur Themen besprochen werden, sondern auch zusammen geübt wird. Ich will nicht nur Wissen vermitteln, sondern Fähigkeiten trainieren. Es sollen neue Dinge ausprobiert und neue Eindrücke gesammelt werden. Es sollen viele Fehler gemacht werden, um viel zu lernen. Es soll praktisch geübt werden, bis sich die Muster verinnerlichen und im echten Leben automatisch angewendet werden.

Solche Möglichkeiten sind unverzichtbar. Wenn du dir kein Coaching leisten willst, musst du sie im echten Leben schaffen. Du musst dort nach Möglichkeiten Ausschau halten. Wenn du im Job mit unbekannten Menschen zu tun hast, kann das ein wertvolles Übungsfeld sein. Wenn du die Möglichkeit hast, allein an Veranstaltungen teilzunehmen, kannst du dich dort herausfordern. Es gibt immer einen Weg. Ich habe schon die verrücktesten Dinge beobachtet. Ich kannte Menschen, die für ein paar Wochen allein Urlaub gemacht haben, um sich mal auszuprobieren und in einem neuen Umfeld zu üben. Wenn du nach Lösungen suchst und die Augen offenhältst, werden sich Möglichkeiten ergeben.

WARUM DIE MEISTEN LEUTE SCHEITERN

Ich habe viele Male versucht, meine Ängste zu vergessen. Ich wollte sie hinter mir lassen und anders auftreten. Ich wollte ein Mensch sein, der mit Lockerheit und Spaß in Gespräche geht. Das war mein Wunsch und dafür hätte ich viel getan. Ich wollte es unbedingt. Ich war bereit, Energie hineinzustecken. Ich war bereit, an mir zu arbeiten. An Motivation hat es nicht gefehlt. Und trotzdem habe ich es über viele Jahre nicht hinbekommen. Warum?

Mir haben Klarheit und Sicherheit gefehlt. Ich wusste nicht genau, was mein Problem war, und ich wusste nicht genau, was ich tun soll. Ich habe nicht verstanden, warum ich diese Ängste und Unsicherheiten habe. Ich wusste nicht, warum ich mich in Gesprächen so ungeschickt anstelle. Und vor allem wusste ich nicht, wie ich vorgehen muss, um etwas zu verändern. Ich habe mir Tipps und Ideen gesucht, aber mir war nicht klar, ob ich diese richtig umsetze. Wenn ich etwas probiert habe, wusste ich nicht, ob ich mich gut oder schlecht angestellt habe. Ich habe kein Feedback bekommen, wie ich mit diesen Situationen besser zurechtkomme. Und ich wusste nicht, ob ich gerade vorankomme oder mich im Kreis drehe.

Deswegen habe ich es nie geschafft, langfristig an einer Sache dranzubleiben. Ich habe immer wieder neue Dinge versucht und nach einer kurzen Zeit wieder aufgehört. Meine Unsicherheit hat zu einem wechselhaften Verhalten geführt. Und so bin ich über Jahre keinen Schritt vorangekommen. Ich dachte ständig „Ich muss etwas verändern!“, aber bin trotzdem am gleichen Fleck stehen geblieben.

So geht es vielen Menschen mit sozialen Unsicherheiten. Sie probieren alles Mögliche aus. Sie ziehen um, wechseln den Job oder gehen in einen Verein. Sie verändern die gesamte Lebenssituation. Nur um irgendwann zu bemerken, dass sie selbst trotzdem gleichgeblieben sind. Egal welche äußere Veränderung sie vornehmen, irgendwann holt der Alltag sie ein und ihre Lebenssituation entwickelt sich in die altbekannte Richtung. Sie kommen nicht voran. Und wenn, fallen sie wieder zurück. Dauerhafte Veränderung scheint unmöglich.

Wenn du es auf die gleiche Art und Weise probierst, wird es dir genauso ergehen. Wenn du blind etwas ausprobierst, ohne dich auszukennen, dann sind Probleme vorprogrammiert. Wenn du den Weg nicht kennst, kannst du ihn auch nicht zuverlässig gehen. Dann bist du wie ein Boot ohne Steuer, das auf dem Wasser hin- und hertreibt, ohne seinem Ziel näherzukommen. Um einen gewissen Punkt zu erreichen, musst du den Weg kennen und die nötigen Schritte gehen. Anders ist es nicht möglich. Du brauchst Klarheit, wo es langgehen soll, und Sicherheit, dass du ankommen wirst. Sonst lässt du dich viel zu schnell abbringen und schaffst es nicht, dabeizubleiben.

Wenn du deine Situation allein verändern willst, empfehle ich dir folgenden Gedanken: Warum hat es bei den letzten Versuchen nicht geklappt, und was hat sich seitdem verändert? Analysiere für dich selbst, woran es die letzten Male gescheitert ist, und ob es dieses Mal anders sein wird. Wenn sich etwas Grundlegendes verändert hat, dann hast du eine Chance. Wenn du es noch einmal auf die gleiche Art und Weise probierst, wie beim letzten Mal, dann verschwendest du deine Zeit.

Ich habe irgendwann realisiert: Wenn ich es allein schaffen könnte, dann hätte ich es schon vor Jahren geschafft. Mir wurde klar, dass mir etwas fehlt, um die gewünschte Veränderung herbeizuführen. Ich musste mir eingestehen, dass ich mich ewig mit diesen Problemen herumschlagen würde, wenn ich es weiter allein versuche.

Und es war nicht einmal meine Schuld. Ich war nicht unfähig. Mir haben weder Ausdauer noch Wille gefehlt. Es war nicht so, dass ich es nicht schaffen könnte. Das Problem war nur, dass die Umstände es mir nahezu unmöglich gemacht haben. Denn ohne Klarheit und Sicherheit gibt es keinen zuverlässigen Fortschritt. Niemand würde es, ohne das nötige Hintergrundwissen und eine klare Richtung, einfach so hinbekommen – das geht einfach nicht.

Denn Unklarheit führt zu Blockaden. Wenn du in einem Gespräch unschlüssig bist, was du denken und was du sagen sollst, dann sagst du wahrscheinlich nichts. Wenn du genau weißt, was du sagen willst, ist es auch nicht schwer, dich einzubringen. So ist es bei den meisten Dingen. Wenn du unsicher bist, wie du deine Entwicklung starten sollst, wirst du in der Passivität erstarren. Dann überlegst du: Wie kann ich am besten vorgehen? Soll ich das Buch als Anleitung nehmen oder lieber den Online-Kurs, den ich letztens gesehen habe? Was bringt mich besser voran? Oder bringt mich vielleicht gar nichts davon weiter? Muss ich erst noch eine bessere Methode finden? Und selbst wenn du den Start hinbekommen hast, wirst du solche Gedanken nach jedem Schritt haben und bei jedem kleinen Rückschlag noch einmal umso stärker. Du wirst jeden Schritt vielfach hinterfragen. Du wirst dir extrem viele Gedanken machen. Und das kostet nicht nur wahnsinnig viel Kraft, sondern hemmt auch deine Umsetzung.

Deswegen ist der wichtigste Faktor auf deinem Weg, dass du exakt weißt, welche Schritte du gehen musst. Du musst wissen, wie du vorgehen willst und welche Handlungen du vollziehen willst. Es muss dabei nicht alles richtig sein. Es muss nicht jeder Schritt perfekt passen und funktionieren, aber es muss immer klar sein, wie der nächste Schritt aussieht und was man dafür tun muss. Dann wird es leicht, zu handeln. Dann setzt man um. Dann hat man Erfolge. Und dann kommt auch der Spaß dazu.

Wenn du ehrliches Feedback und völlige Klarheit für deinen Weg haben möchtest, dann kann ich dir an dieser Stelle etwas Einmaliges anbieten. Denn ich versuche in diesem Buch zwar, meine besten Erkenntnisse und meine wichtigsten Erfahrungen mit dir zu teilen, aber es ist völlig unmöglich, auf jeden Leser persönlich und individuell einzugehen. Manche Menschen wissen nicht einmal genau, wo die Ursachen für ihre Ängste liegen und was die Schwierigkeiten in ihrer Kommunikation sind. Sie wissen nicht, was ihr persönlicher Engpass ist und sie wissen demzufolge auch nicht, an welchem Punkt sie ansetzen sollen. Deswegen stelle ich jedem Menschen ein kostenloses Beratungsgespräch zur Verfügung, in dem wir gemeinsam deine Ausgangssituation analysieren und einen umsetzbaren Fahrplan erstellen. Wir gehen dabei ins Detail und sorgen dafür, dass du jeden Schritt verstehst und punktgenau weißt, was du tun musst.

Ich biete das an, weil ich es liebe, etwas zurückzugeben und anderen Menschen bei den Dingen zu helfen, die mich selbst mein Leben lang beschäftigt haben. Gleichzeitig weiß ich, dass immer auch ein paar Menschen dabei sind, die ihre sozialen Ängste endgültig angehen und überwinden wollen. Und falls das so ist und wir uns gut verstehen, können wir uns gerne darüber unterhalten, ob das Coaching-Programm zu deiner Situation passt. Aber ganz unabhängig davon, ob es dazu kommt oder nicht, wirst du aus dem Beratungsgespräch garantiert bereits Gedanken und Erkenntnisse mitnehmen, die dich einige Schritte voranbringen werden.

Wichtig ist dabei, Folgendes zu verstehen: Ich kann deine Situation nicht für dich verändern. Ich kann deine Probleme nicht in Luft auflösen. Das kann niemand. Niemand anderes kann dein Leben anpacken und umkrempeln. Das kannst nur du selbst. Du musst die Arbeit hineinstecken. Du musst die nötigen Schritte gehen. Das ist unveränderbar. Ich kann dir nur zeigen, was und wie du es tun musst, damit es auch funktioniert. Ich kann dir den Weg zeigen und die Schritte erklären. Durch meine Einschätzung bekommst du Klarheit für deine Situation und durch mein Feedback bekommst du Sicherheit, ob du auf dem richtigen Weg bist. Und trotzdem liegt die Umsetzung letztendlich bei dir. Du musst die Arbeit machen.

Wenn das für dich okay ist – wenn du entschlossen bist, etwas zu verändern, und bereit bist, die nötige Arbeit hineinzustecken, dann will ich dich gerne dabei unterstützen. Gehe dafür auf meine Seite „gustav-wohlleber.de" und wähle einen Termin aus für ein kostenloses und unverbindliches Beratungsgespräch. Ich freue mich schon, dich kennenzulernen!

KLEINE SCHRITTE FÜHREN ZUVERLÄSSIG ZUM ZIEL

Mit kleinen, regelmäßigen Schritten lässt sich Unvorstellbares erreichen. Man bemerkt es manchmal kaum. Man macht den ersten Schritt. Dann noch einen. Und noch einen. Dann wird es zur Gewohnheit. Man macht automatisch weitere Schritte. Immer wieder. Jeden Tag. Und irgendwann ist man völlig überrascht davon, was man schon alles erreicht hat. Nach ein paar Monaten steht man an einem Punkt, der früher völlig unerreichbar schien.

Ich bin zutiefst überzeugt vom Weg der kleinen Schritte. Ich habe häufig beobachtet, wie Menschen dadurch ihr gesamtes Leben umgekrempelt haben. Auch wenn das Ziel zu Beginn kaum zu erkennen war. Sie haben kaum daran geglaubt. Sie waren unsicher. Und trotzdem haben sie einen Schritt nach dem anderen getan. Sie haben sich voll auf sich selbst und ihren Prozess konzentriert. Und alles andere kam dann von ganz allein.

Ich kenne das von mir selbst. Ich dachte früher, dass sich diese Dinge nie ändern werden. Ich war gerade zwanzig Jahre alt geworden und war verunsichert im Kontakt mit Menschen. Ich bin meistens zu Hause geblieben und habe vor meinem Computer gesessen, weil ich mich draußen unwohl gefühlt habe. Ich saß allein herum, während die anderen Spaß hatten und spannende Dinge unternommen haben. Ich hatte wenige Freunde und noch nie eine Beziehung. Und vor allem habe ich kaum daran geglaubt, dass sich daran jemals etwas ändern wird.

Das war meine damalige Gedankenwelt. Das war meine Realität. Den Gedanken, dass ich mit Zuverlässigkeit und Sicherheit etwas verändern kann, hätte ich als Wunschdenken abgetan. Ich hatte das Gefühl, dass ich bereits einiges versucht und trotzdem immer wieder Rückschläge erlebt habe. Ich habe in Betracht gezogen, dass mit mir etwas nicht stimmt und ich diese Dinge einfach nicht lernen kann.

Und wie ist es gekommen? Heute bin ich noch nicht einmal dreißig und mein Leben ist nicht wiederzuerkennen. Ich bin entspannt im Umgang mit Menschen und habe Spaß an Gesprächen. Ich gestalte mein Leben, so wie ich es will. Ich habe einen Job, der mich zutiefst erfüllt. Ich habe tolle Freunde, auf die ich mich verlassen kann. Ich habe eine wunderbare Partnerin, mit der ich am liebsten meine freien Stunden verbringe. Und ich habe einen kleinen Sohn, der mir täglich ein Lächeln auf die Lippen zaubert. Ich habe immer noch Probleme und ich stehe regelmäßig vor Herausforderungen, aber es ist kein Vergleich zu früher. Ich bin um ein Vielfaches glücklicher und mit meinem Leben zufrieden.

Daraus sollst du lernen, dass deine Ausgangssituation nichts darüber aussagt, wie es in ein paar Jahren aussieht. Jeder Mensch kann Fortschritte machen und sein Leben verbessern. Jeder kann sich herausfordern und daran wachsen. Jeder hat die Möglichkeit dazu. Es gibt dort draußen Menschen, die genau das gleiche Problem hatten, mit dem du gerade kämpfst, und die es für sich aufgelöst haben. Es gibt Menschen, die aus einer viel schwierigeren Situation gestartet sind und es trotzdem geschafft haben. Ich habe Menschen gesehen, die sich aufgrund einer sozialen Phobie kaum mehr aus dem Haus getraut haben und ein paar Jahre später auf großen Bühnen standen. Ich kenne Menschen, die mit vierzig Jahren noch nie mit einem anderen Menschen intim geworden sind und ein paar Jahre später eine glückliche Beziehung geführt haben. Die Welt ist voller Wunder. Manche Menschen entwickeln sich in einem Lebensbereich von null auf hundert. Sie werden aktiv und kämpfen sich durch, bis sie es geschafft haben. Natürlich ist es nicht einfach. Im Gegenteil – es kann überwältigend und angsteinflößend sein. Aber das Schöne ist: Du hast es selbst in der Hand. Du entscheidest, welchen Weg du gehst. Deine Entscheidungen und Handlungen bestimmen, wie sich dein Leben entwickelt. Mach das Beste daraus!

avocado verlag

Wir suchen Testleser*innen für unsere Bücher! Sollten Sie Interesse an Rezensionsexemplaren haben, so melden Sie sich direkt über unsere Webseite unter www.avocado-verlag.de bei unserem Testleseteam an. So helfen Sie uns dabei, unsere Bücher noch besser zu machen.